D1752793

2 Meter bis zum Meer

Eine Bildergeschichte ohne Text aus Brasilien

Idee und Illustrationen von Bruna Barros

Mit einer Handreichung zum Umgang
mit einer Bildergeschichte ohne Text
von Martina Ducqué

Edition Orient

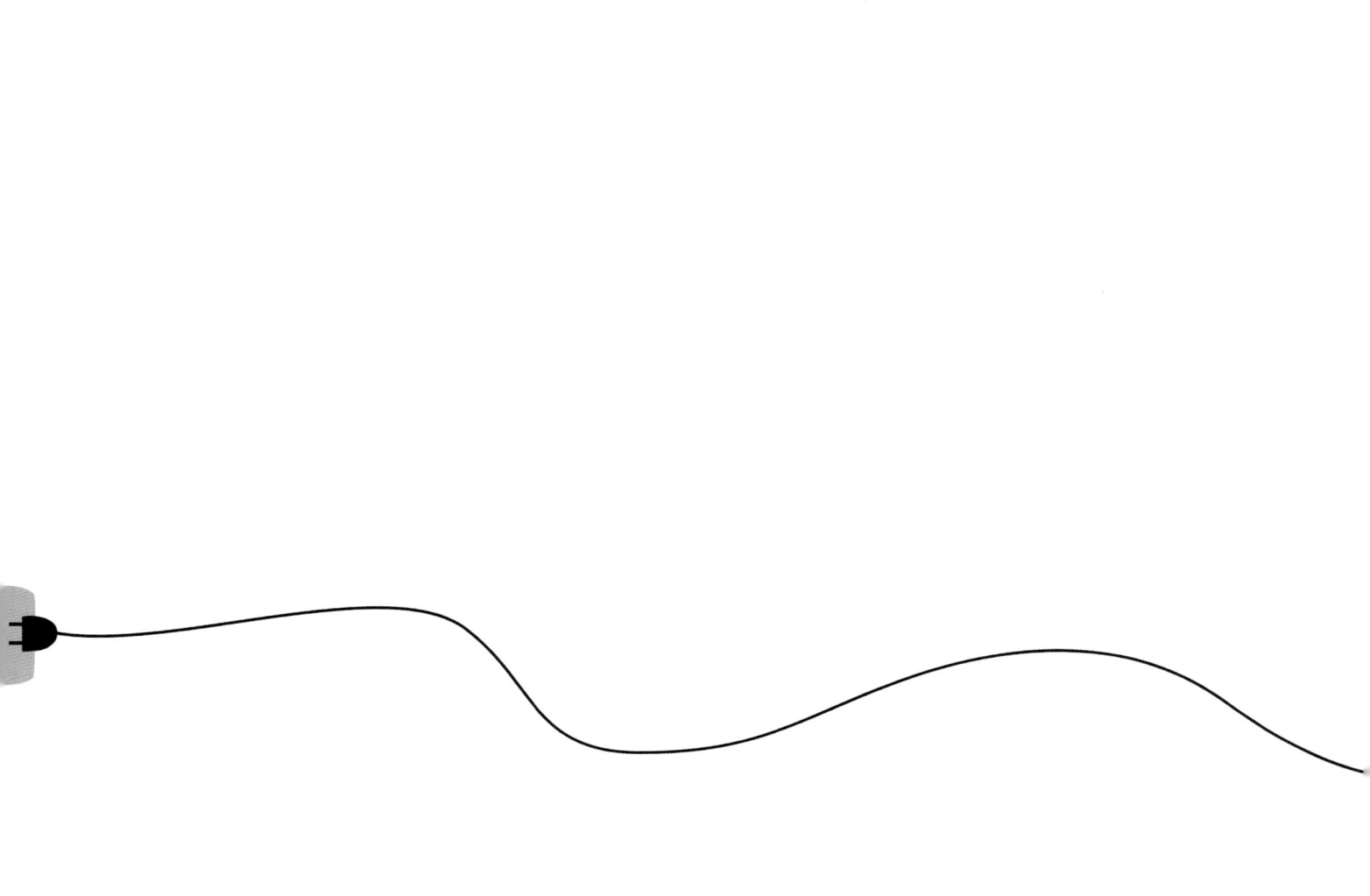

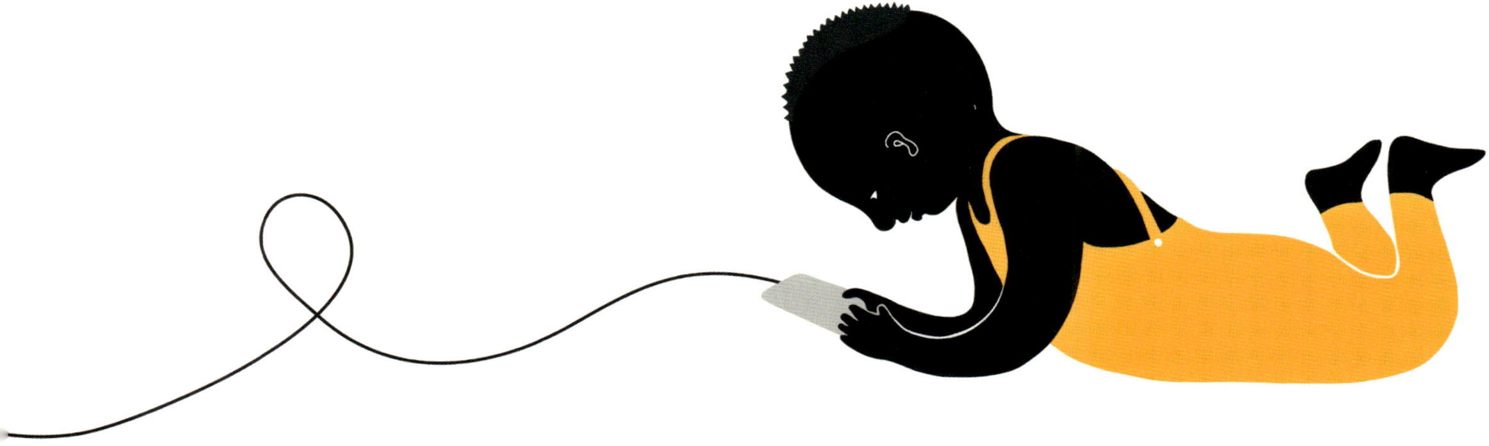

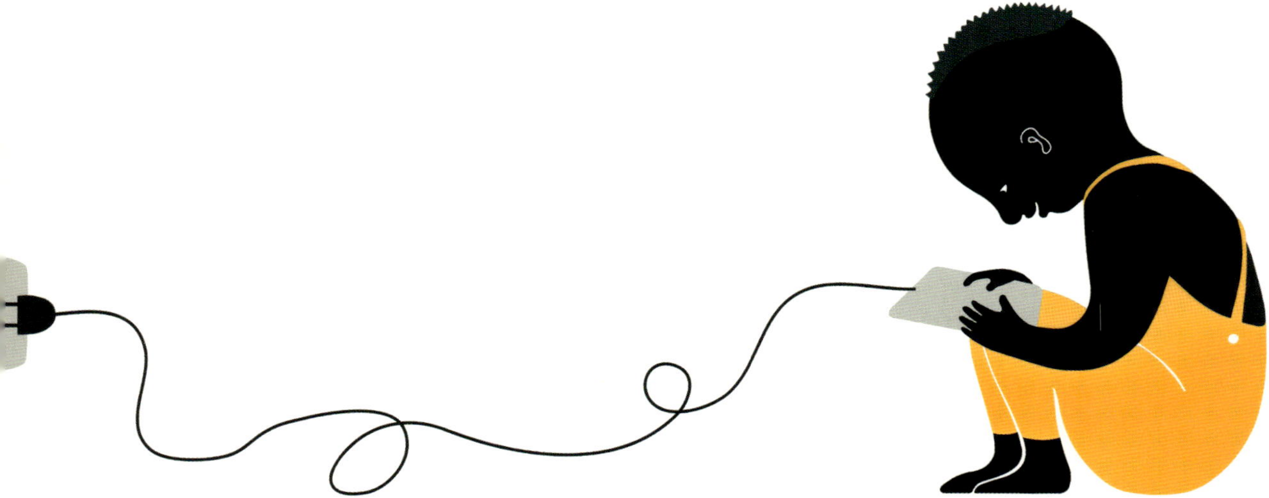

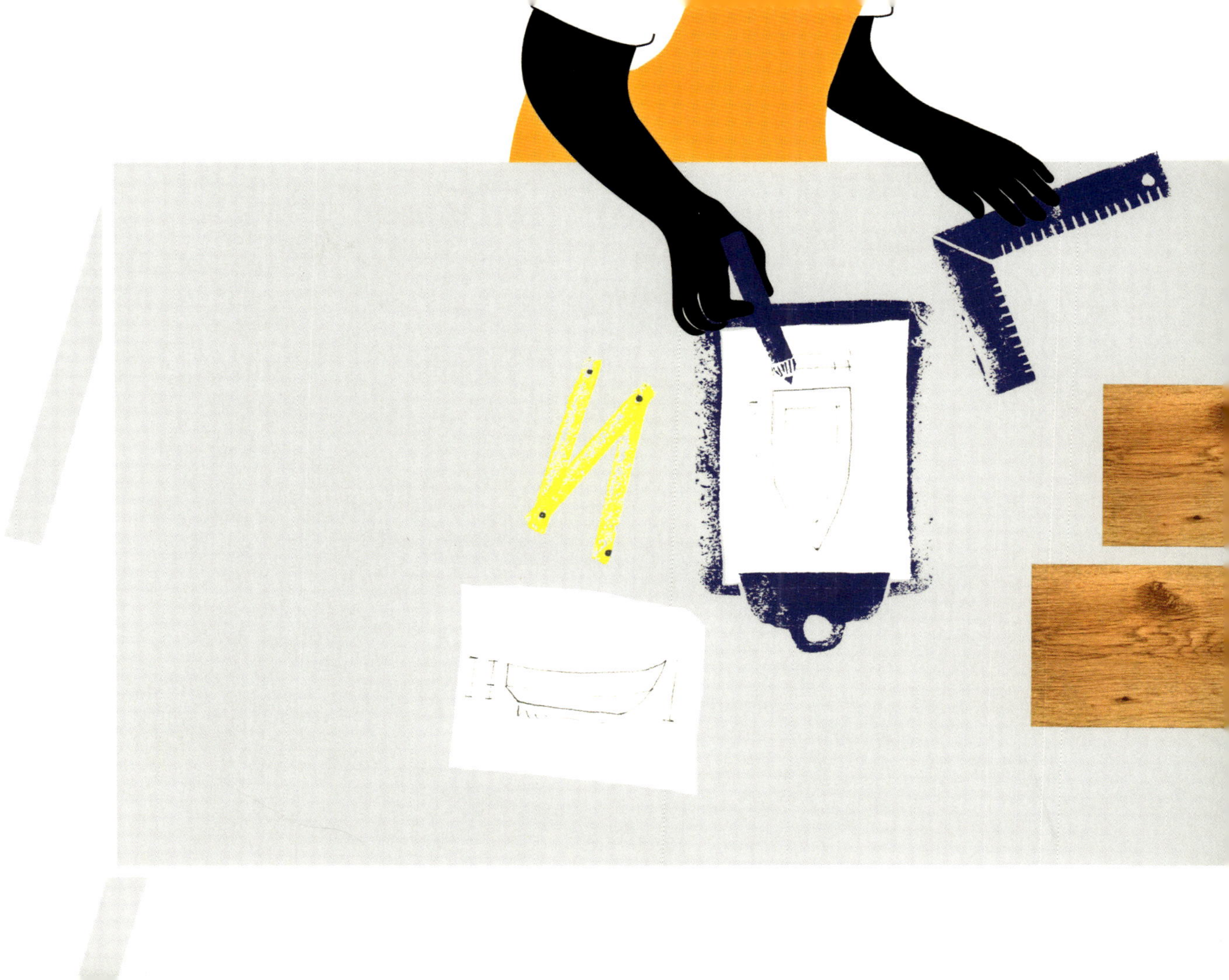

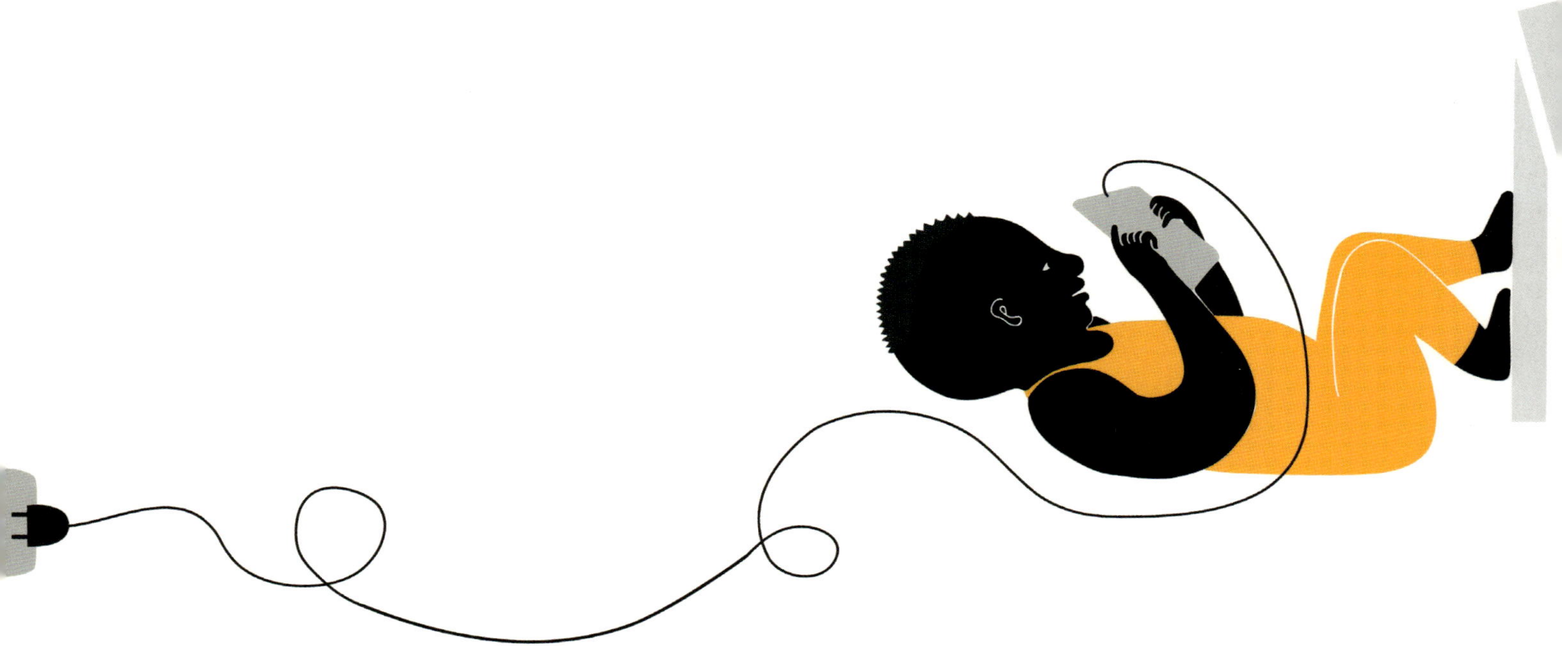

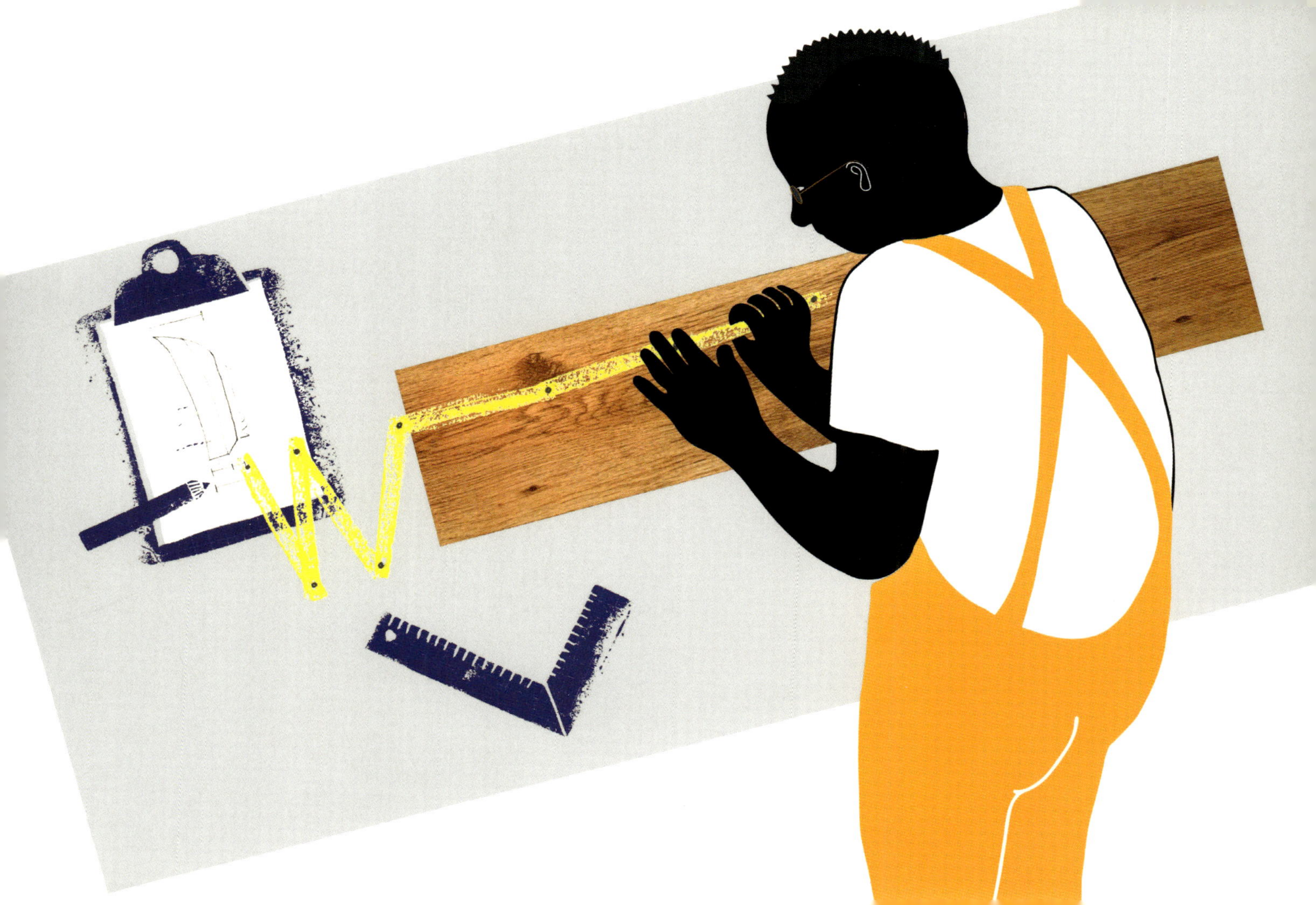

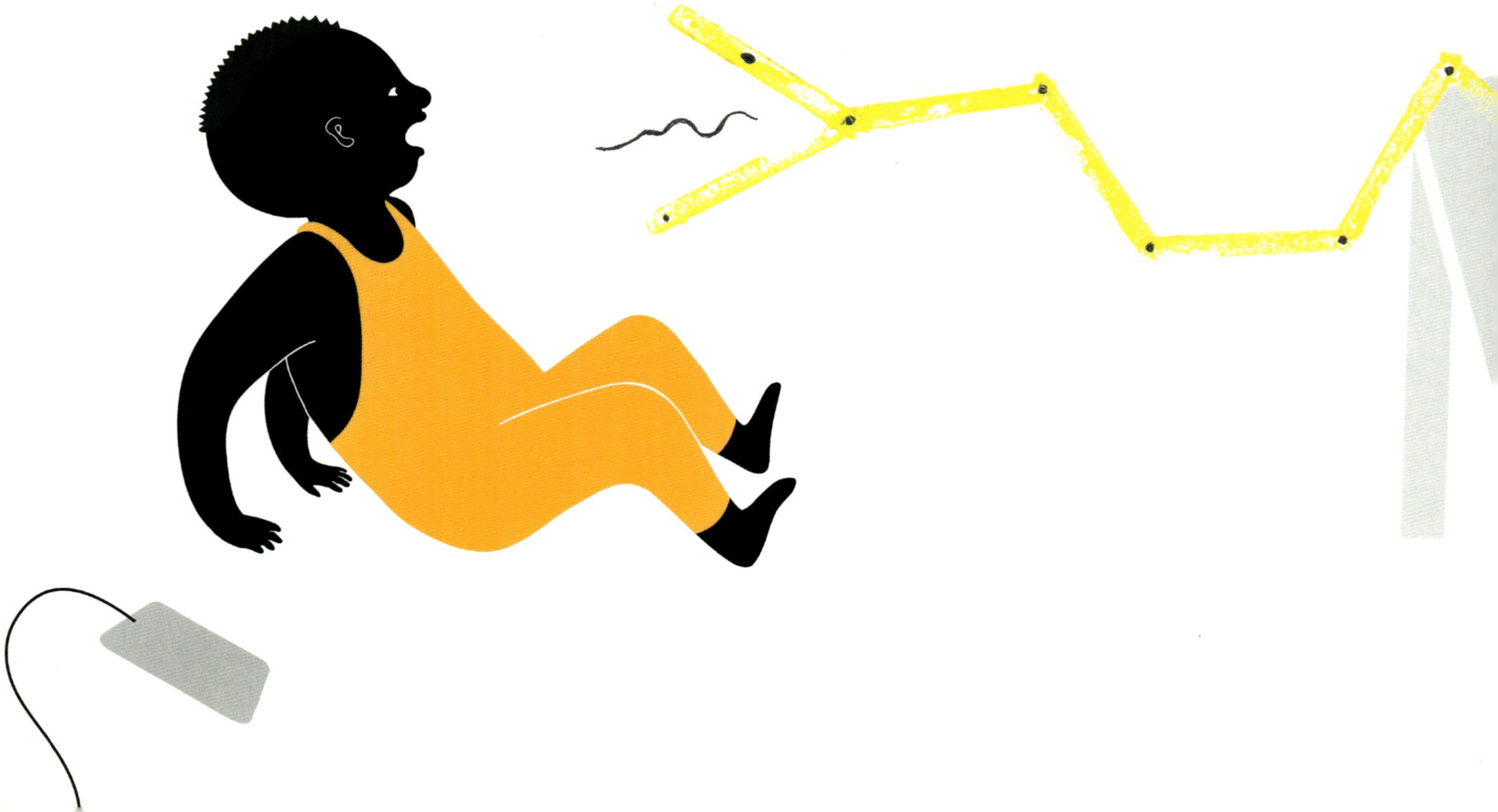

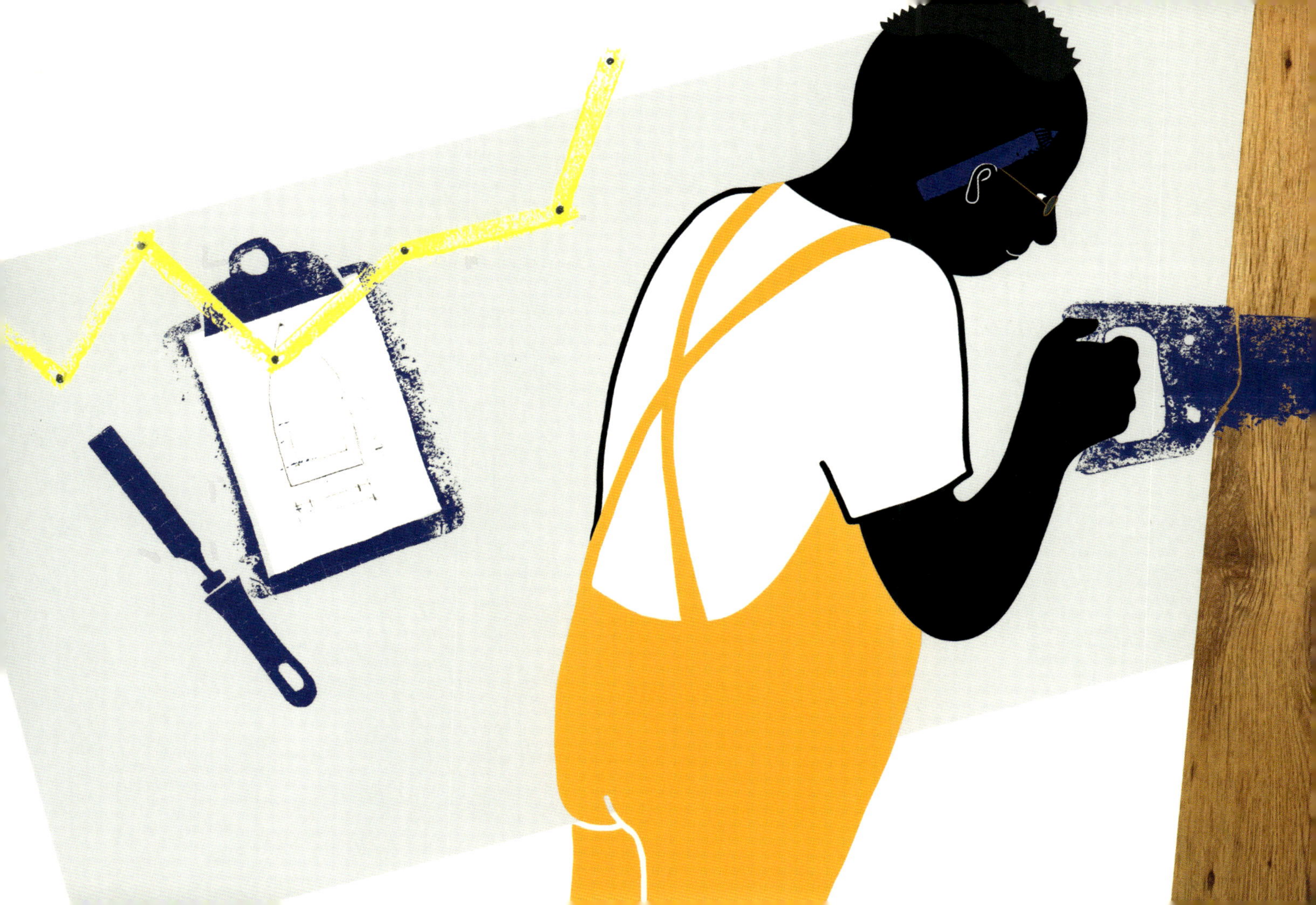

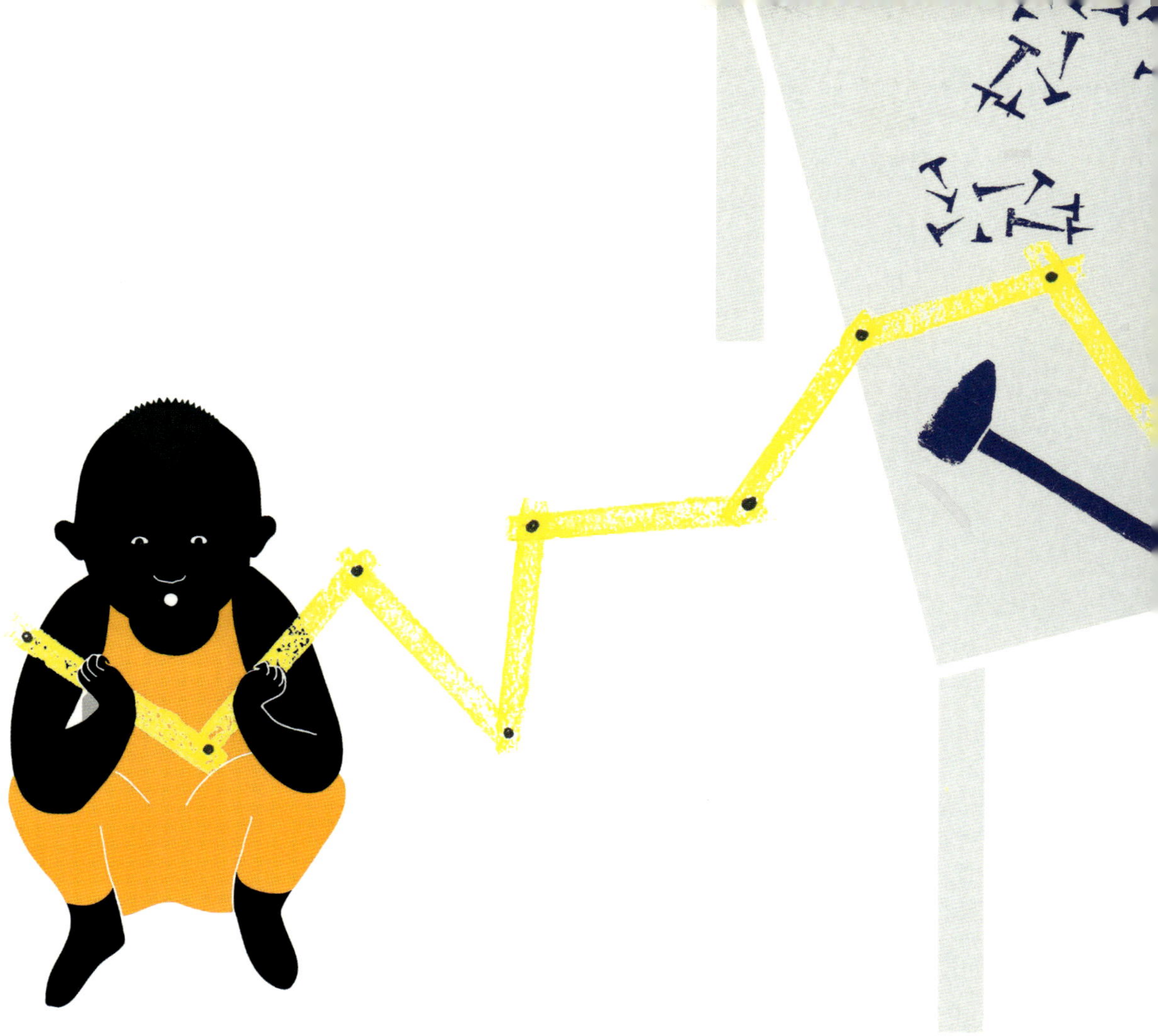

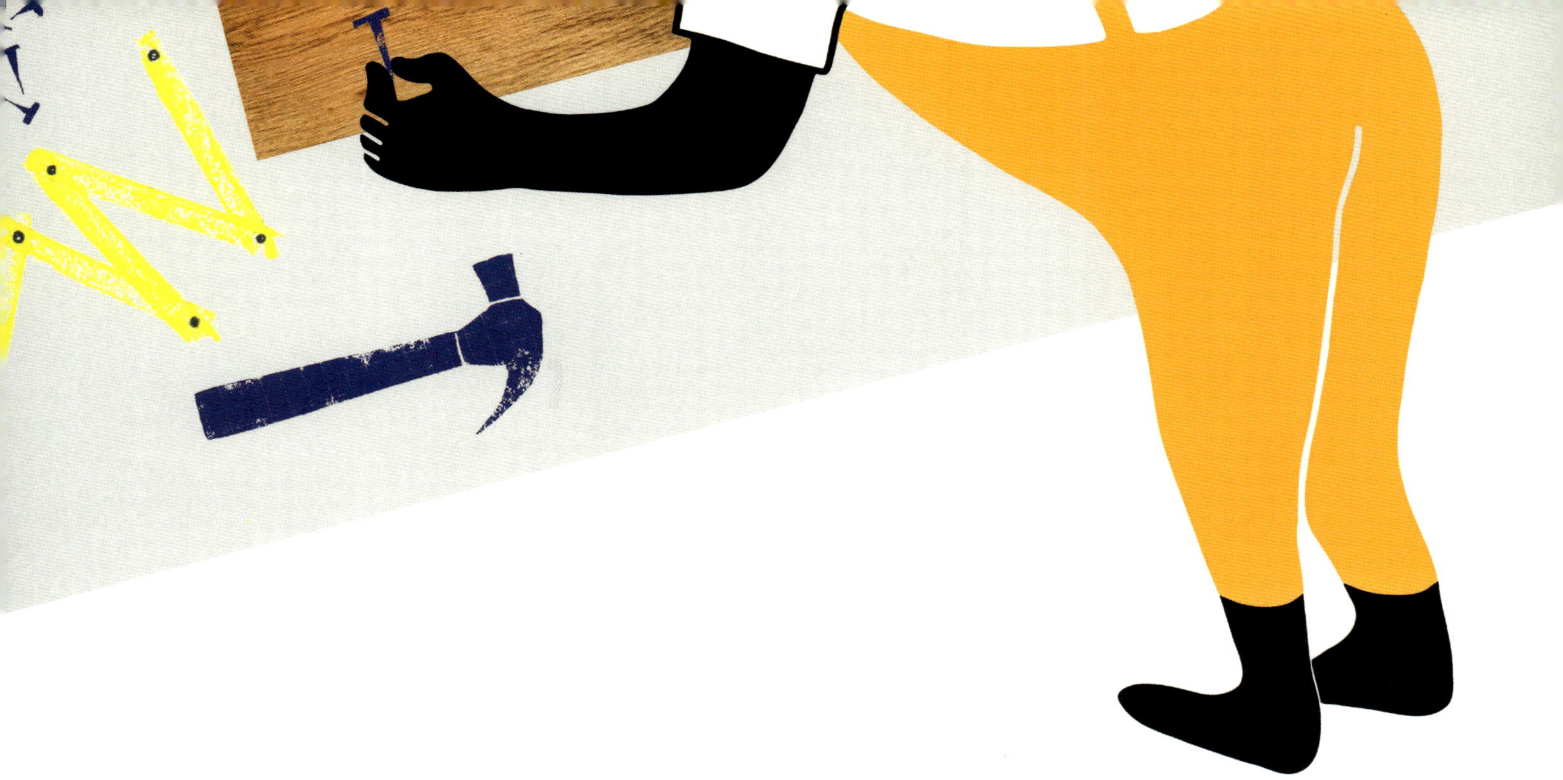

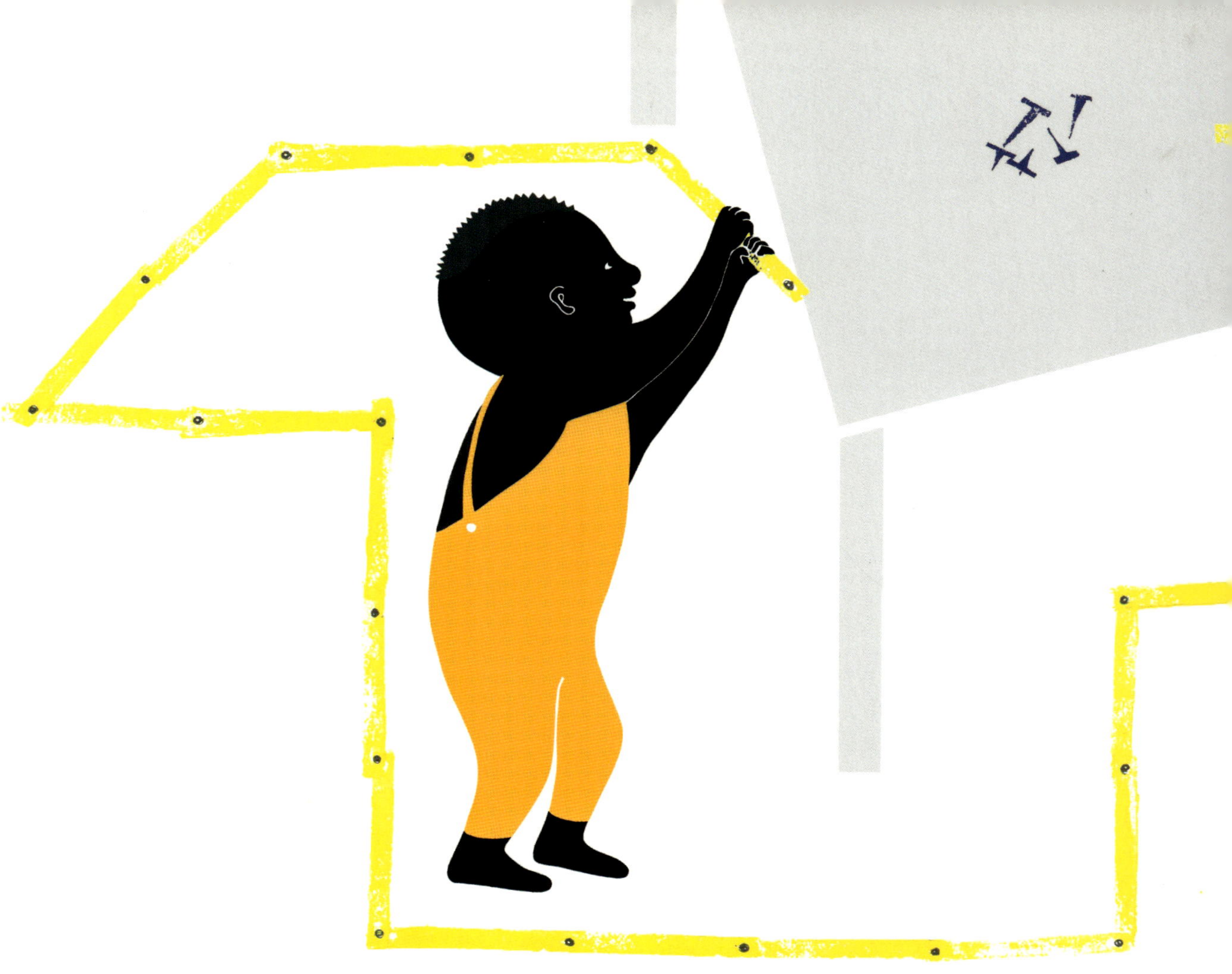

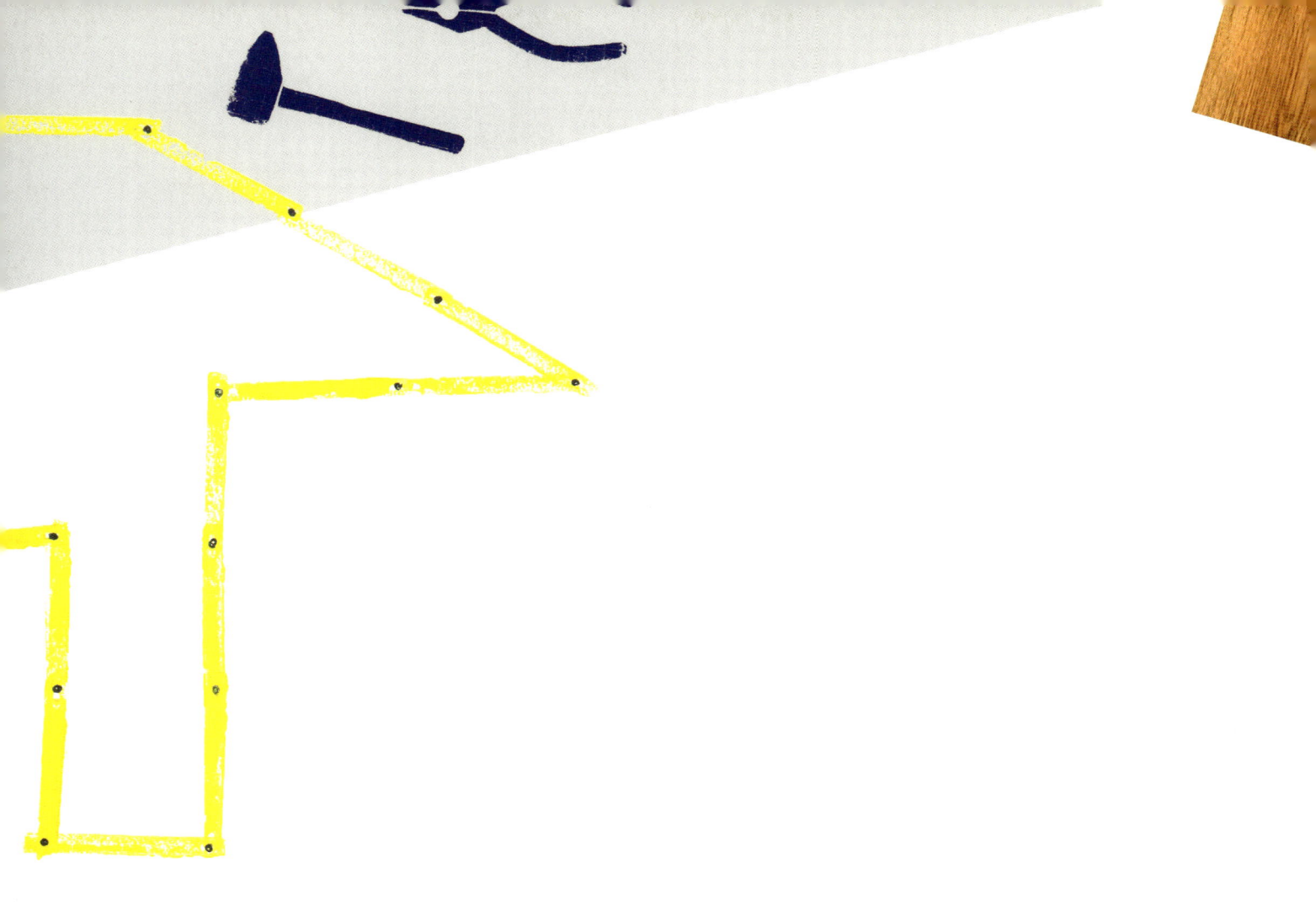

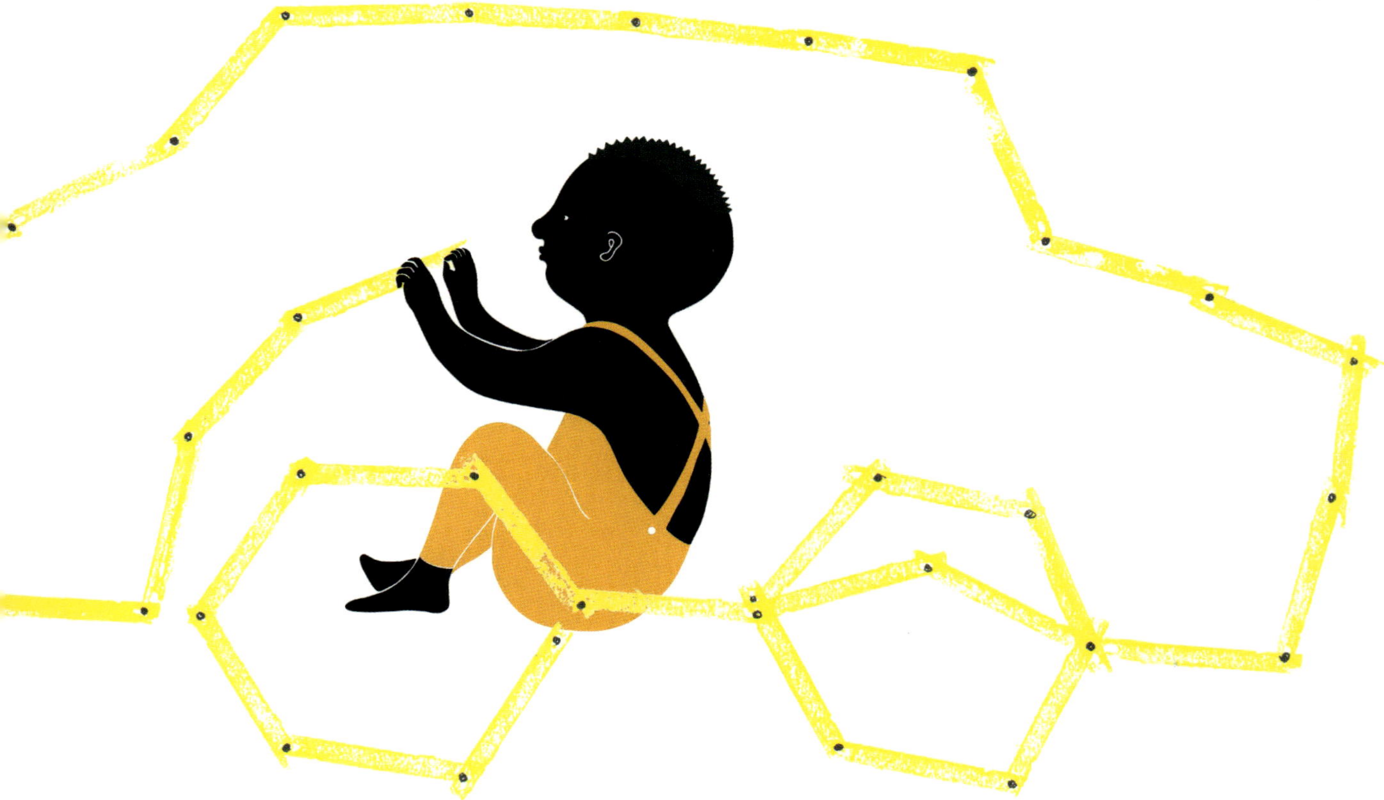

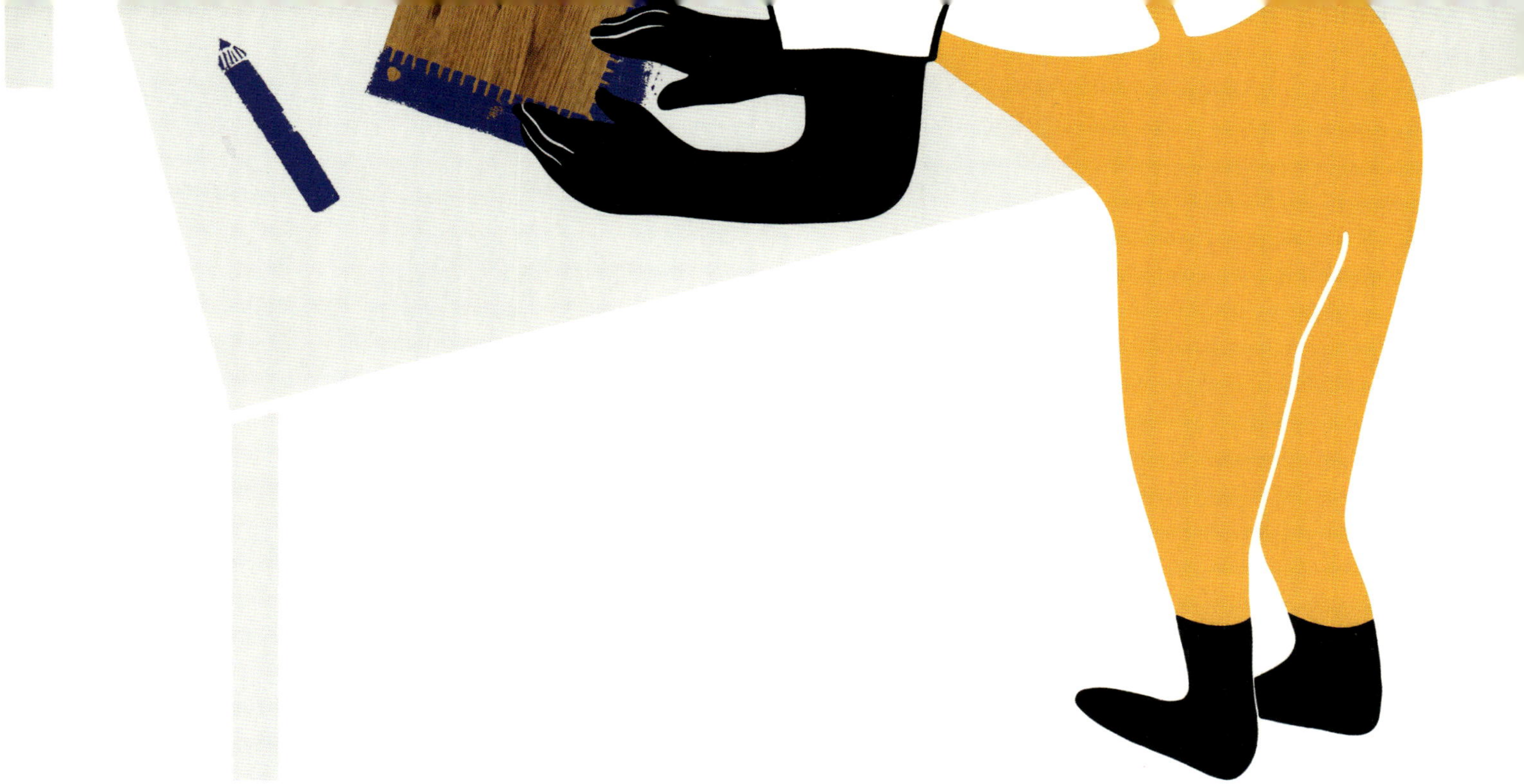

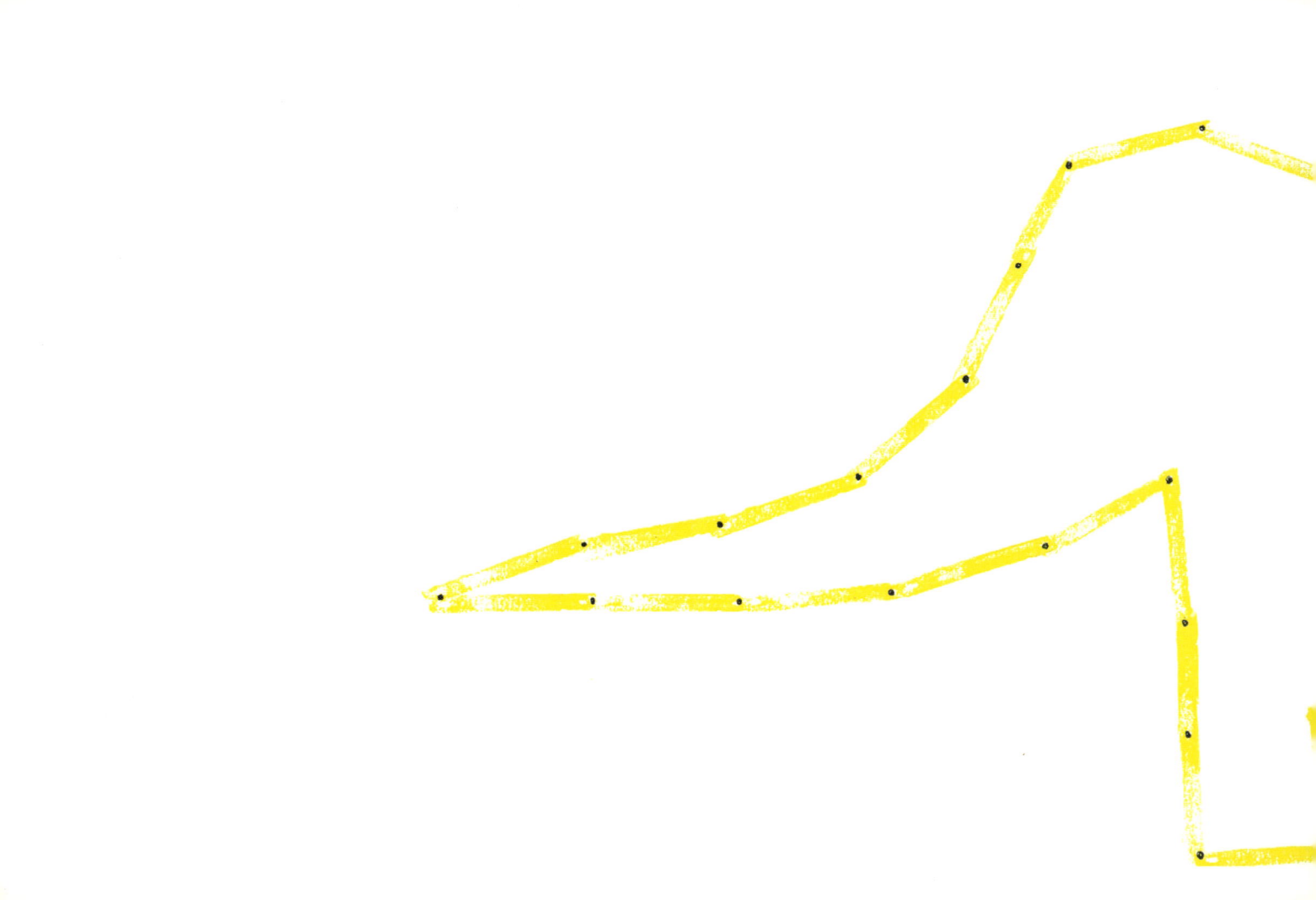

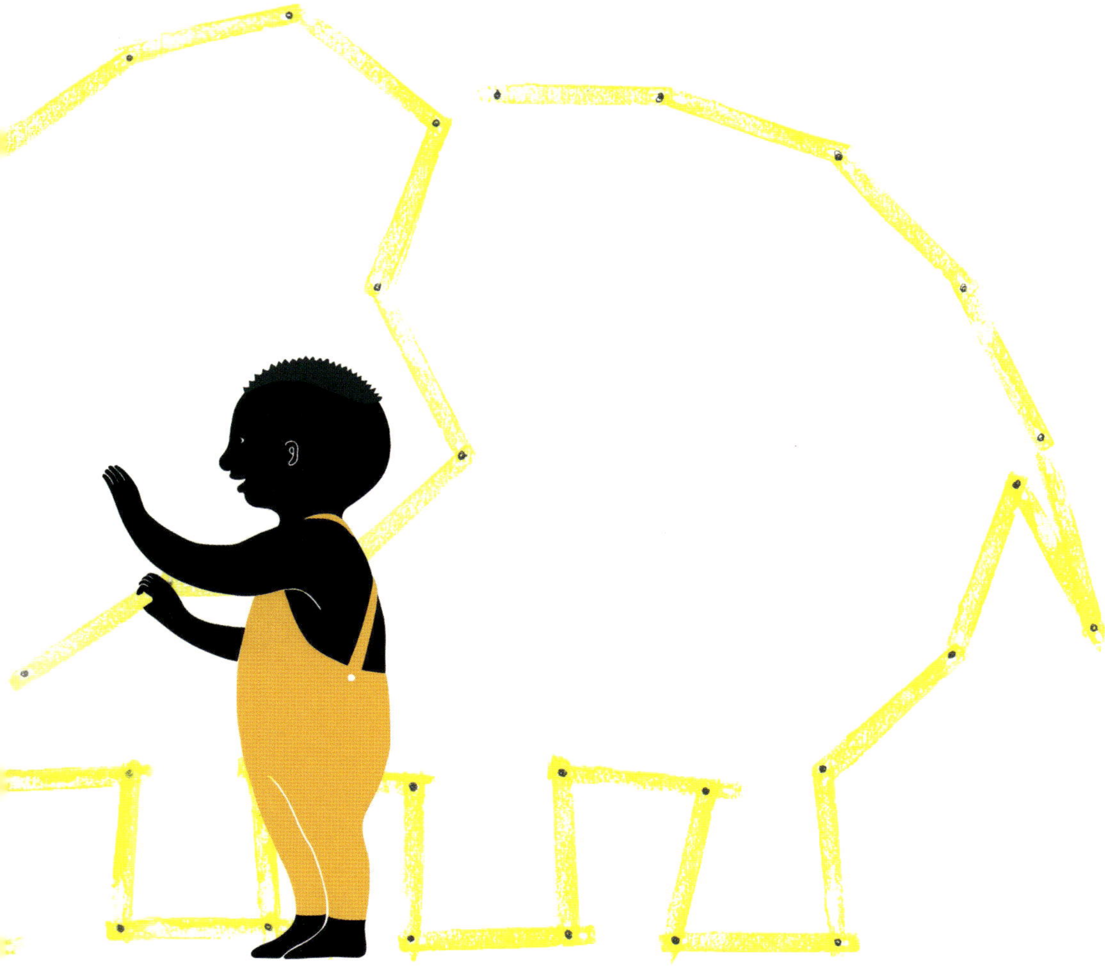

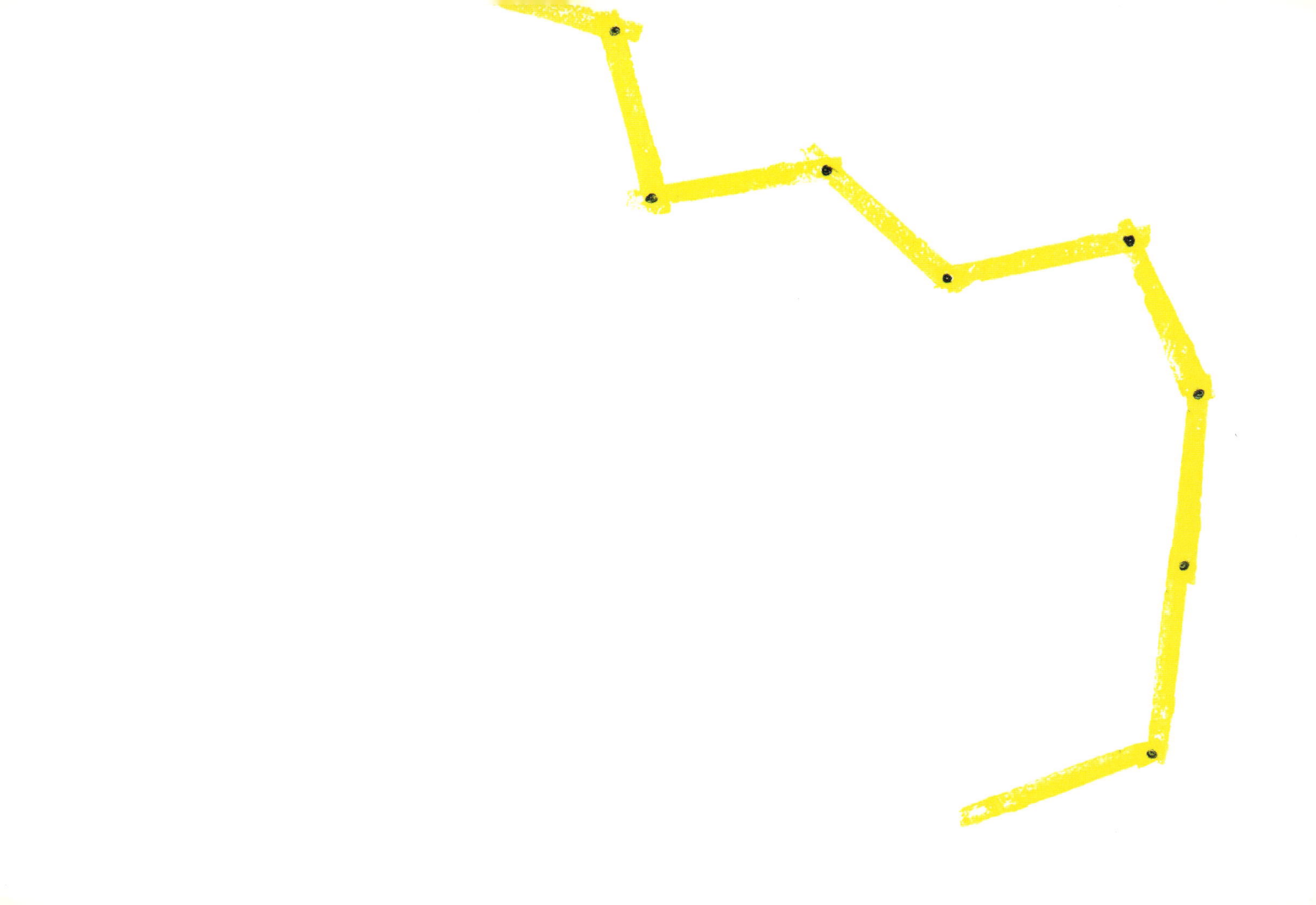

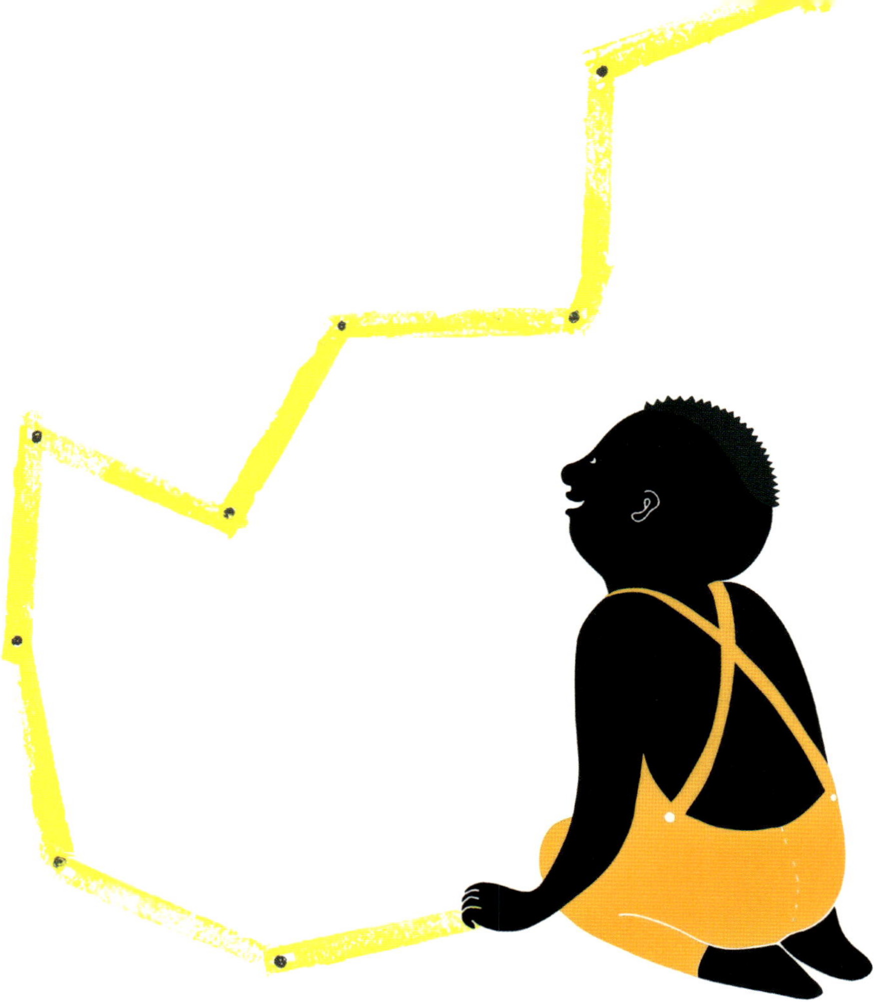

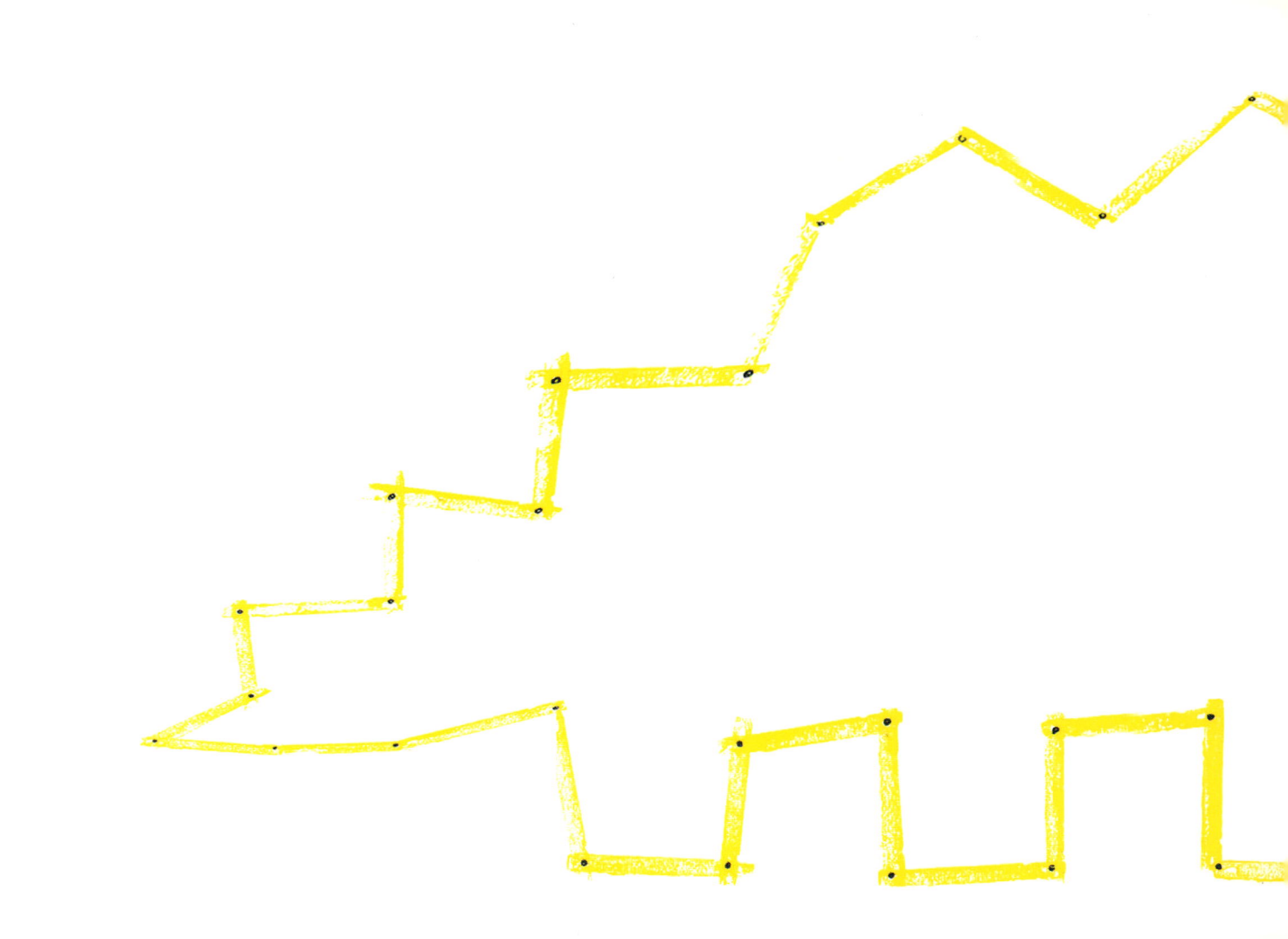

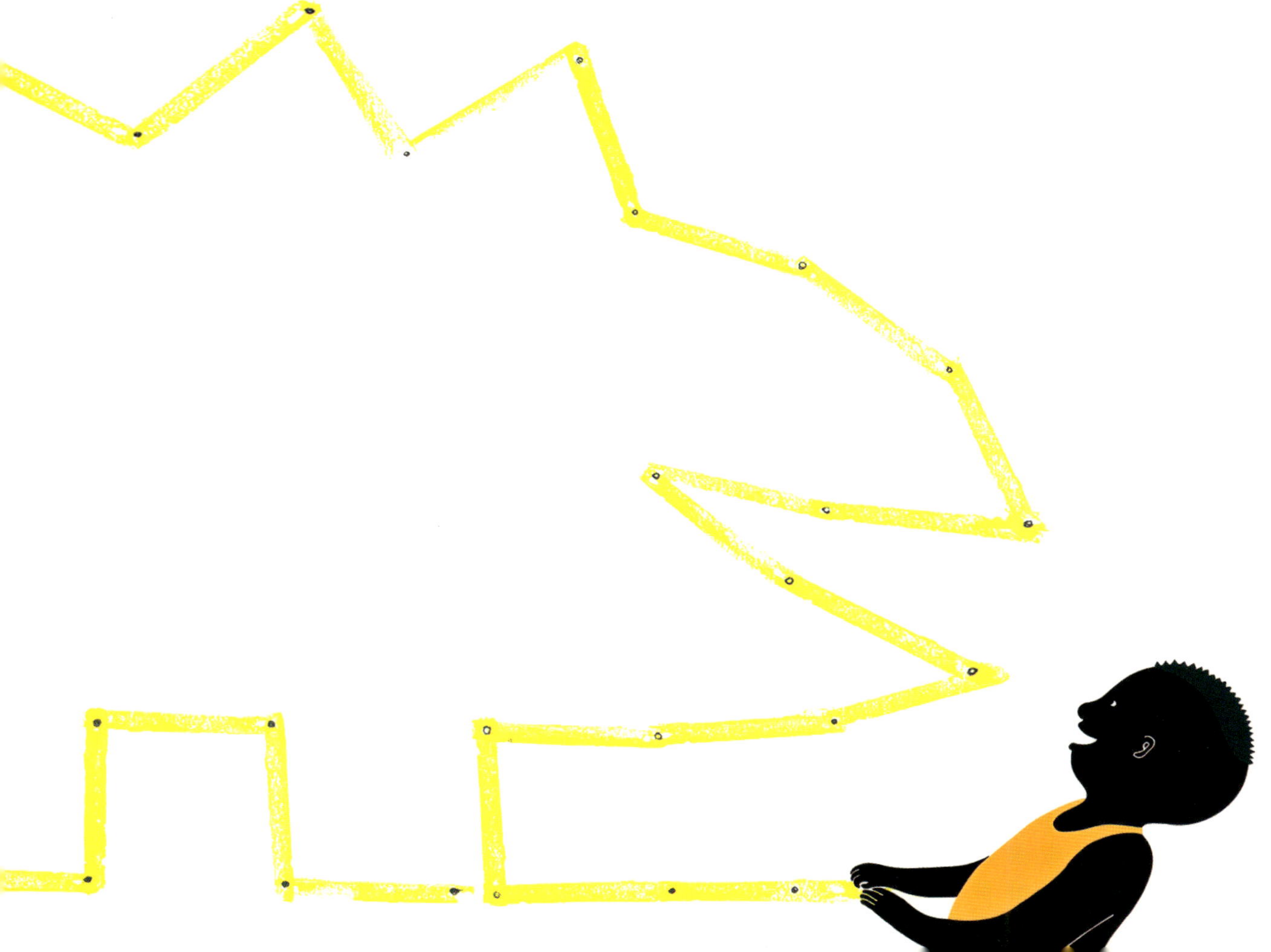

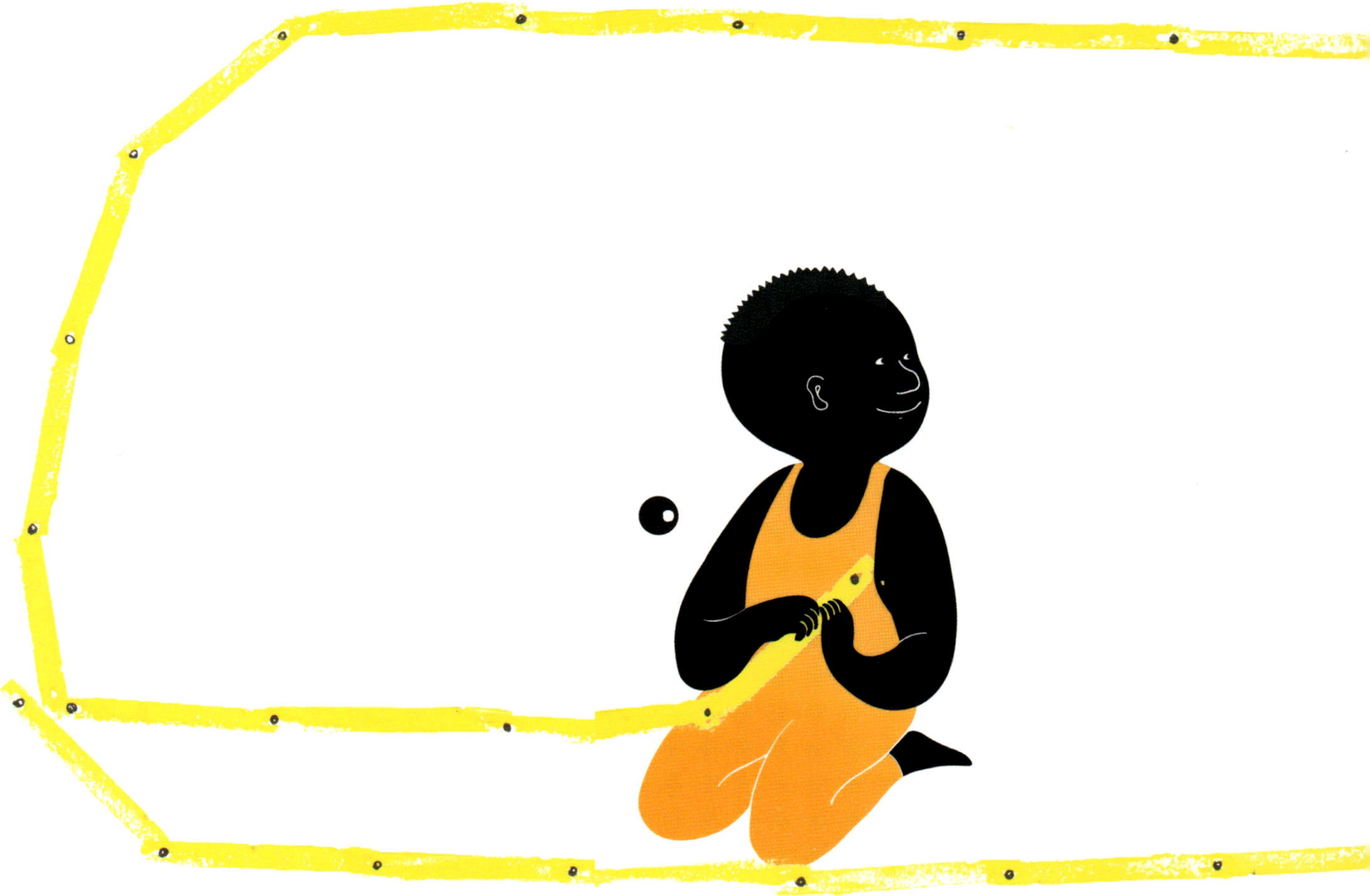

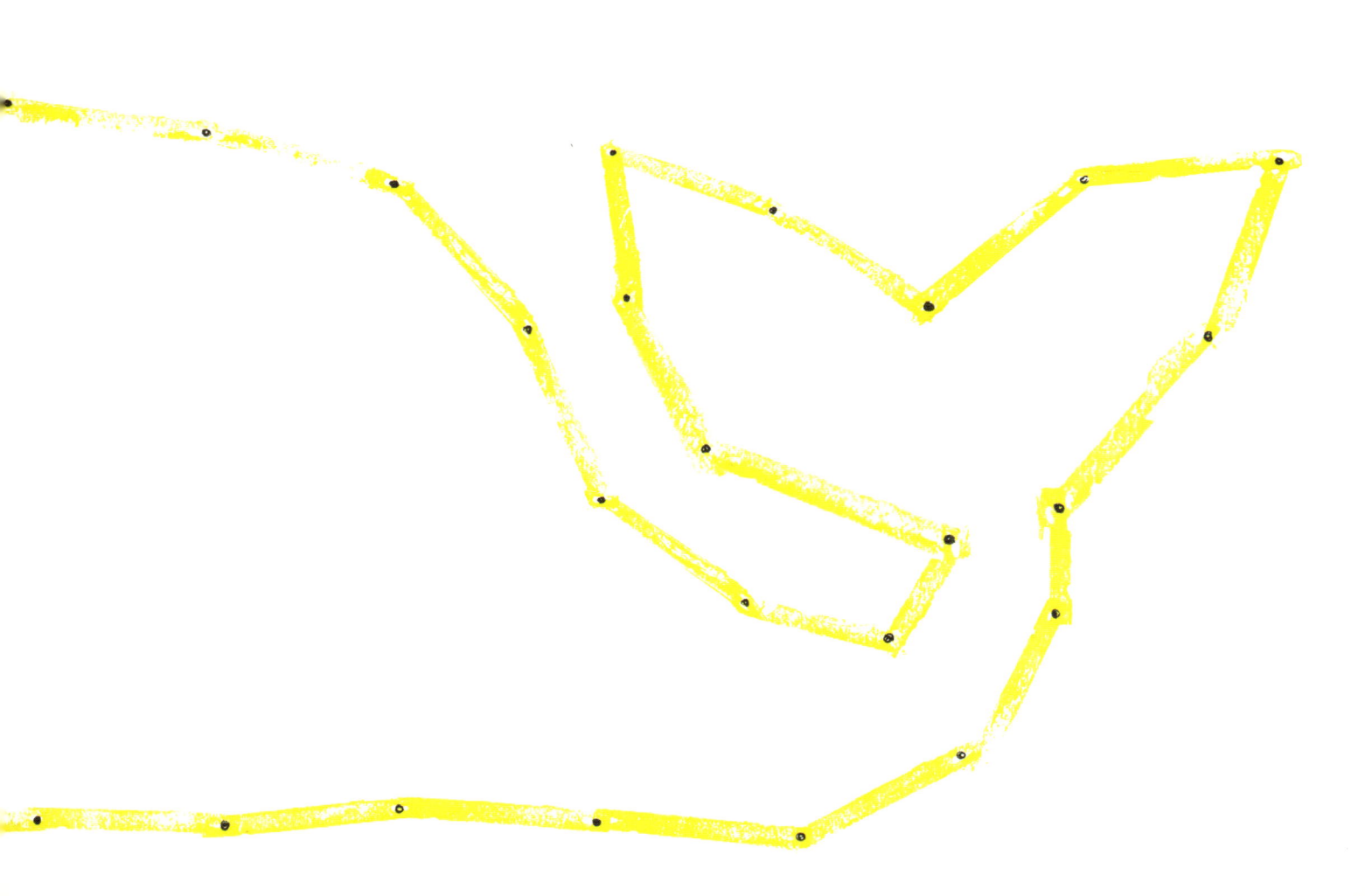

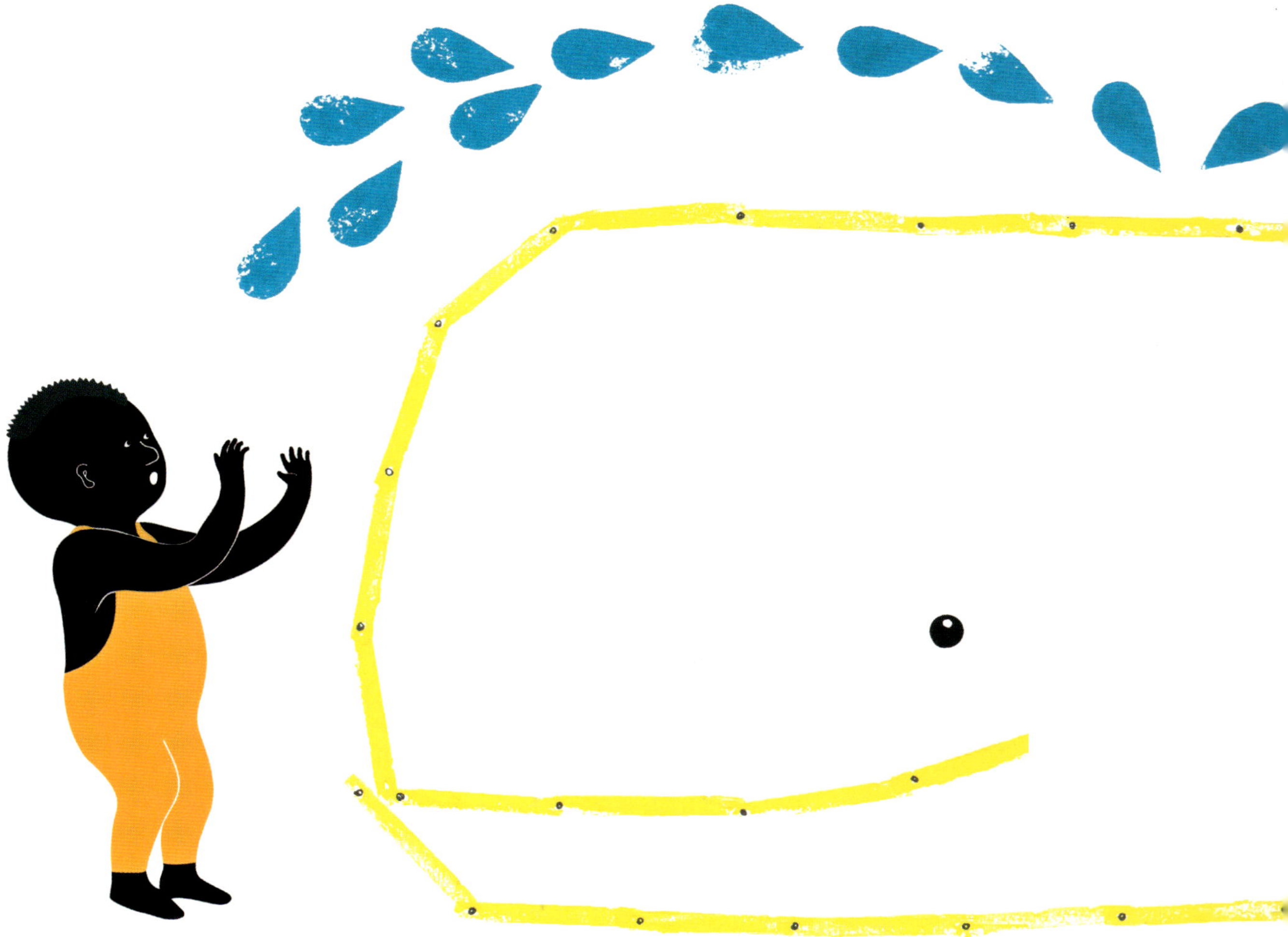

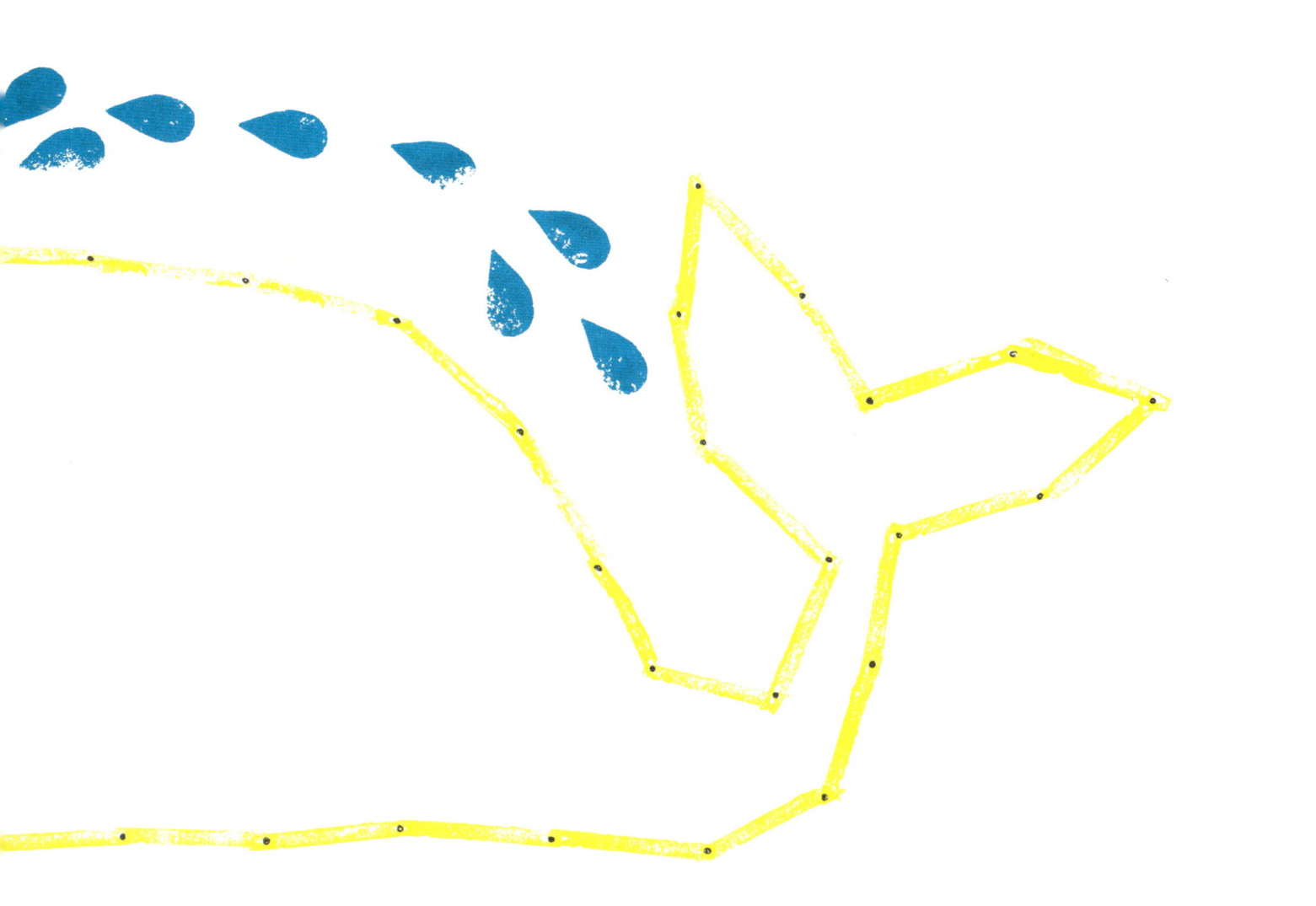

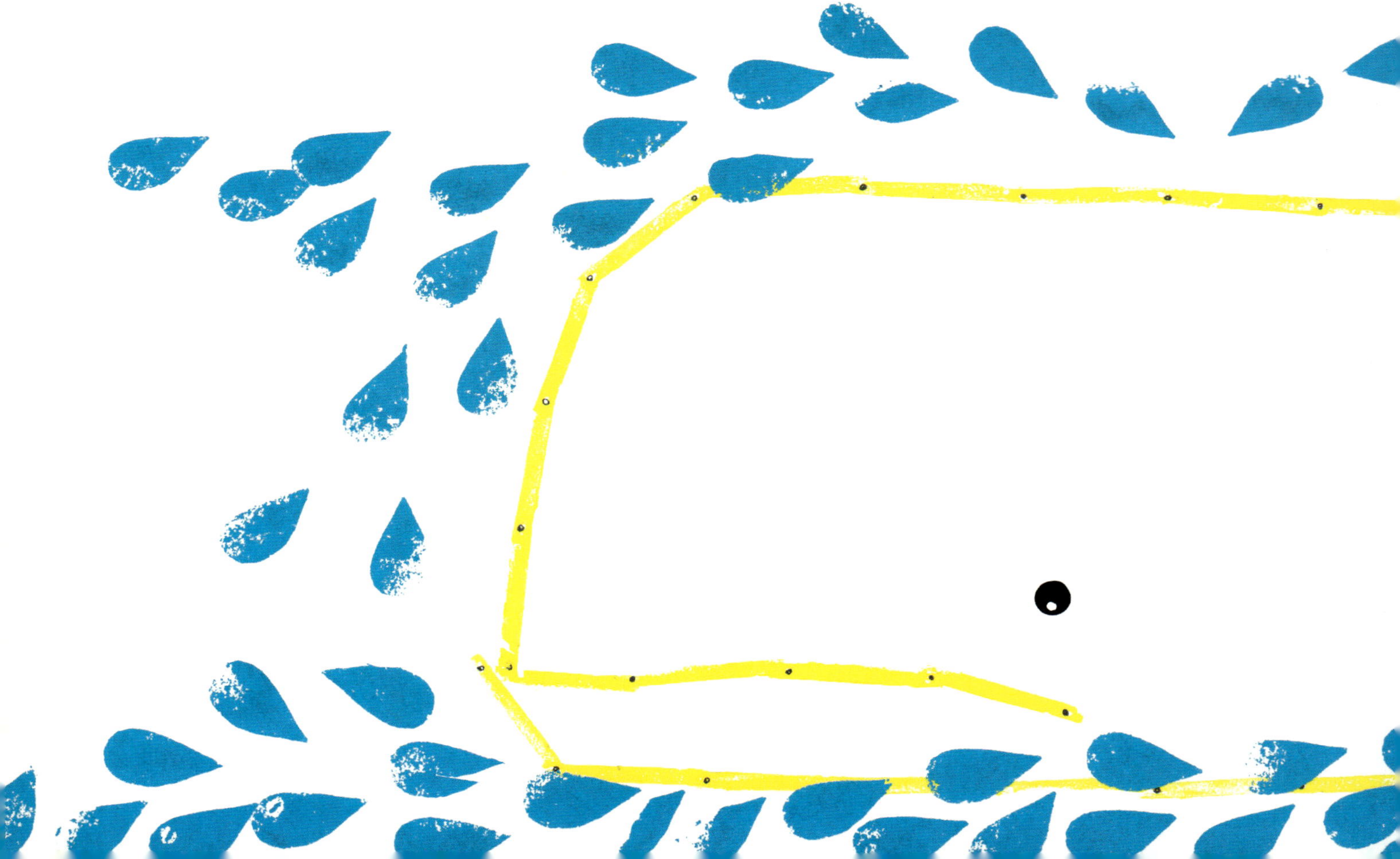

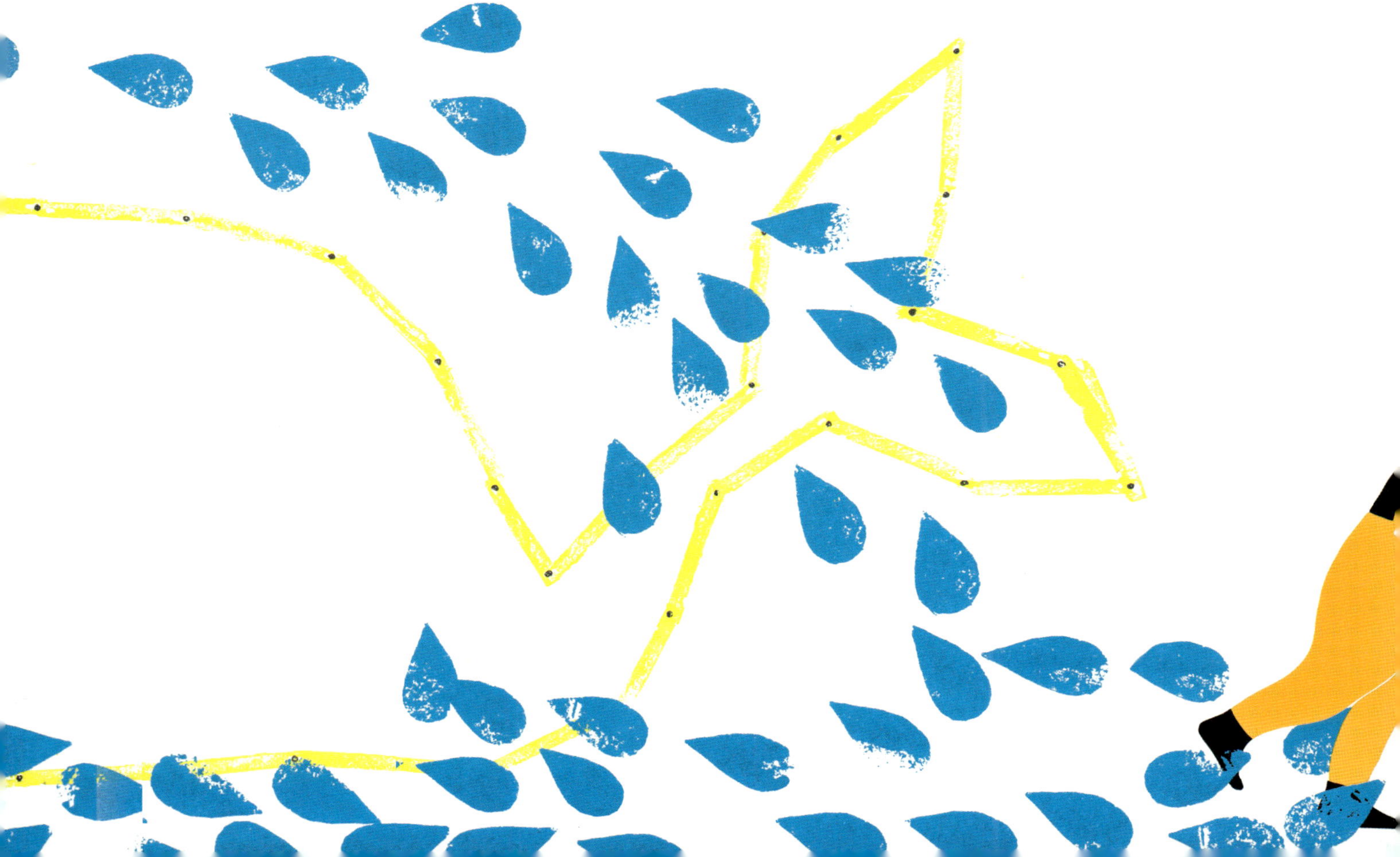

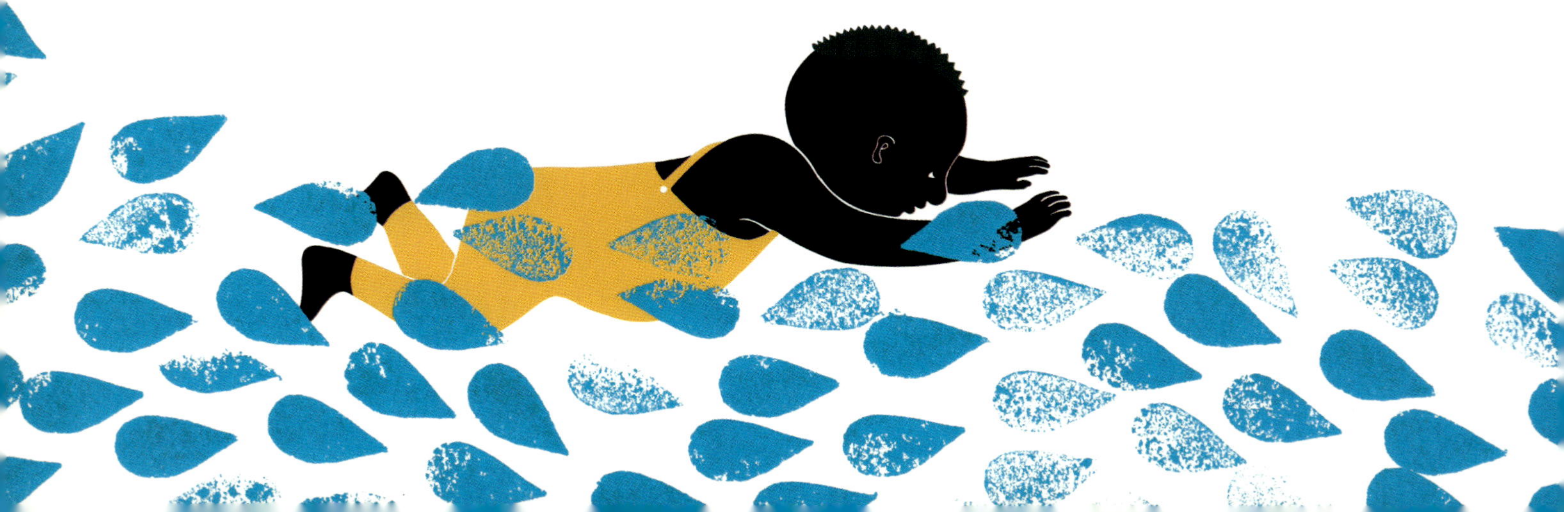

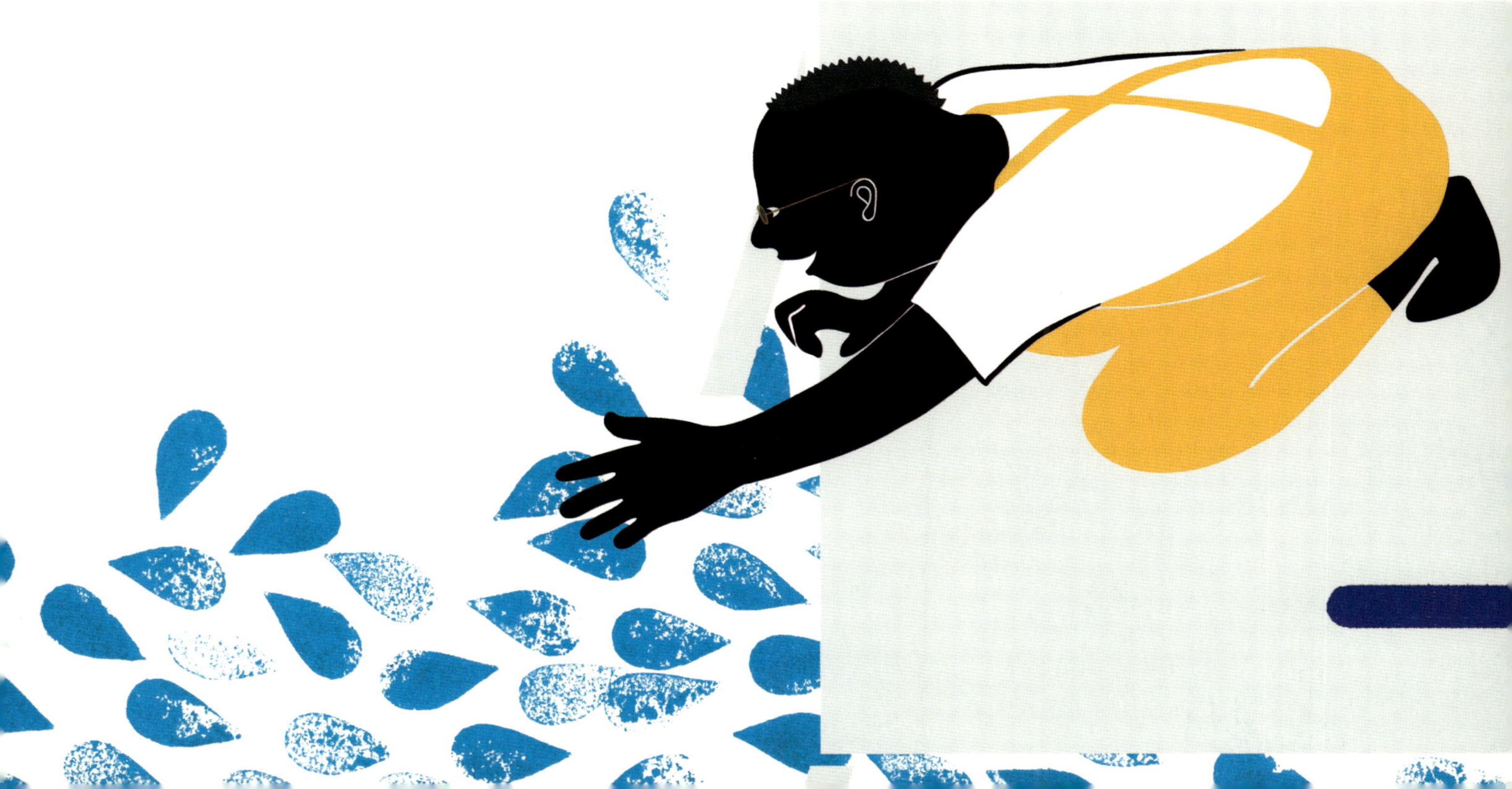

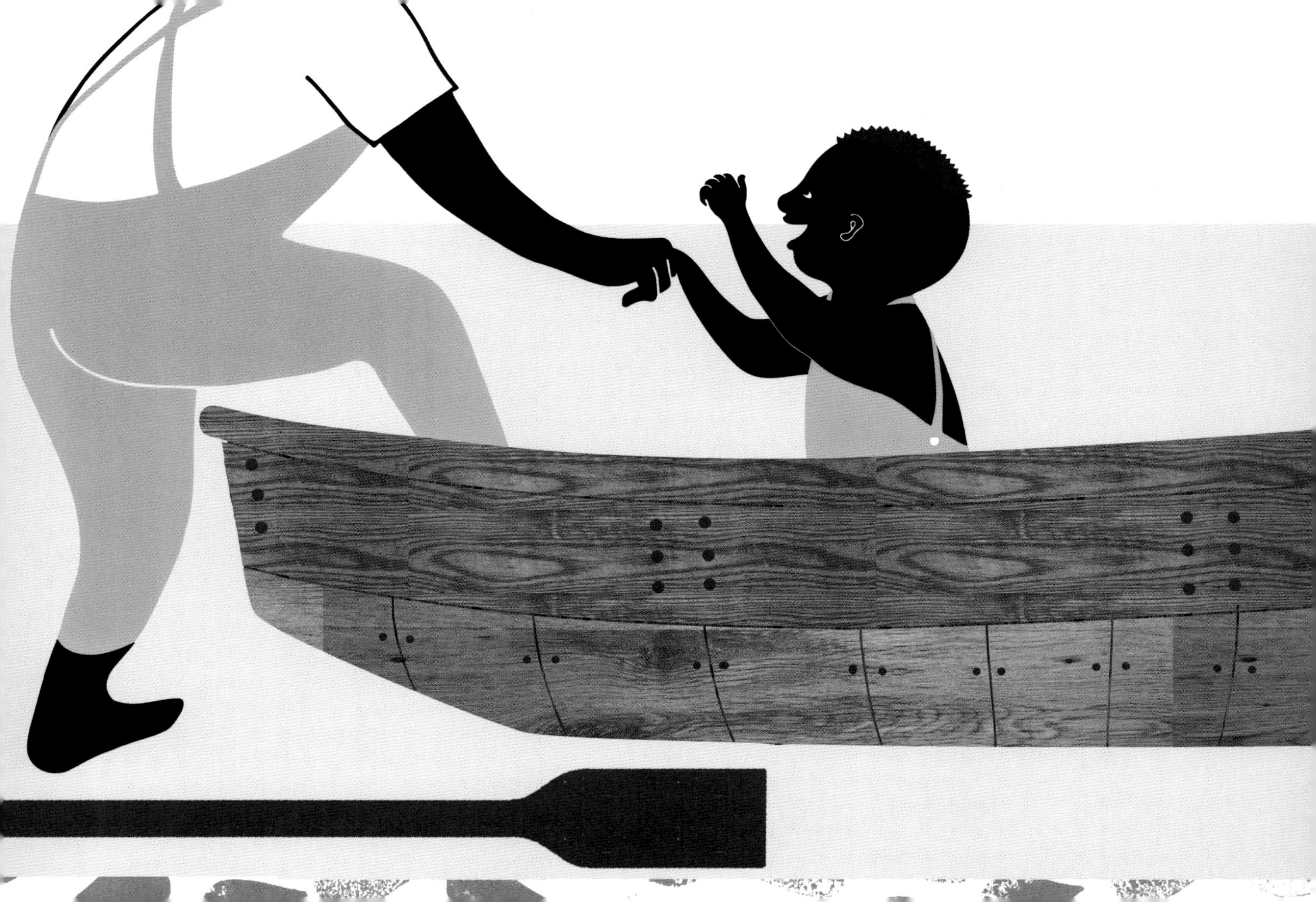

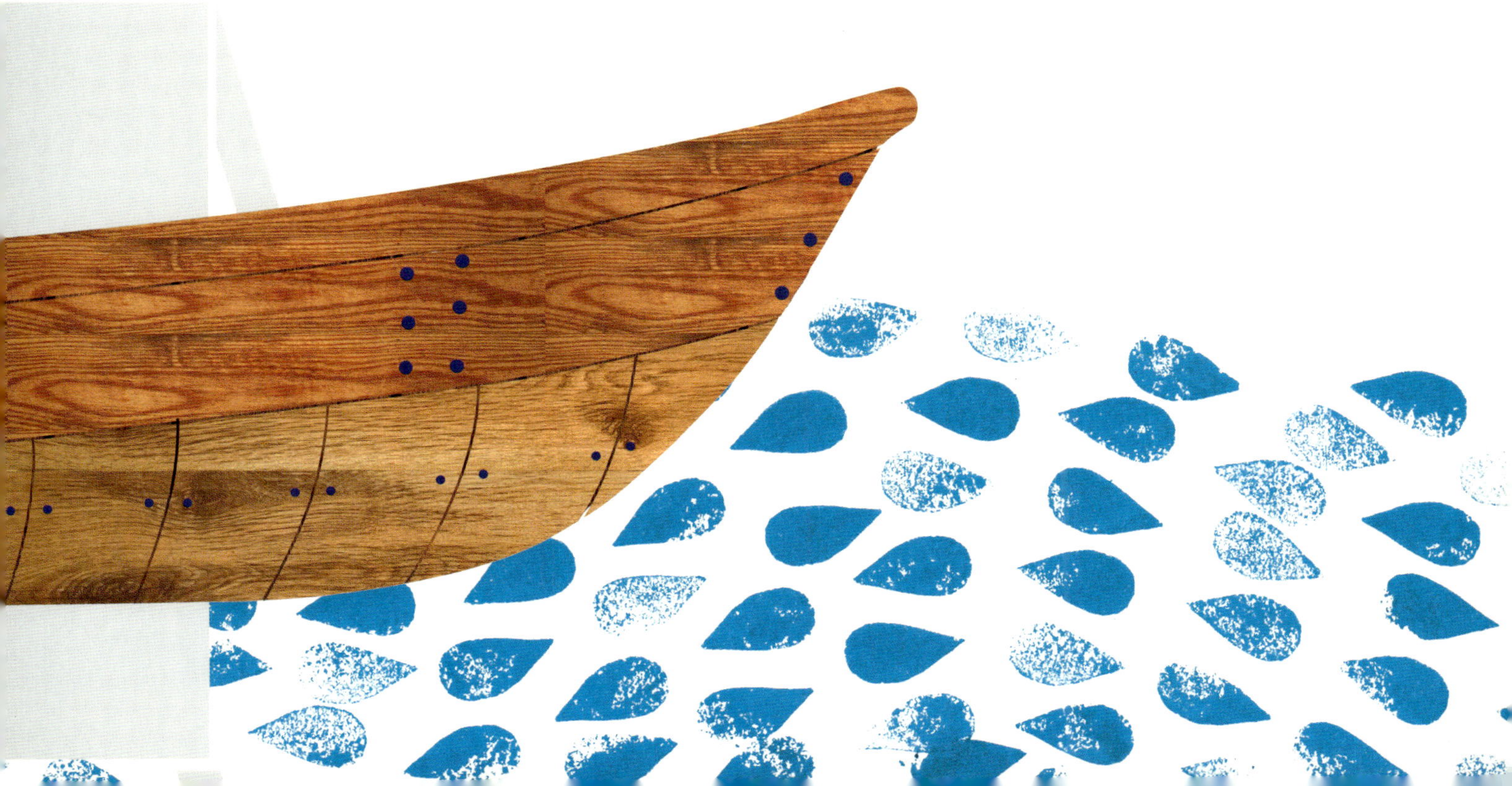

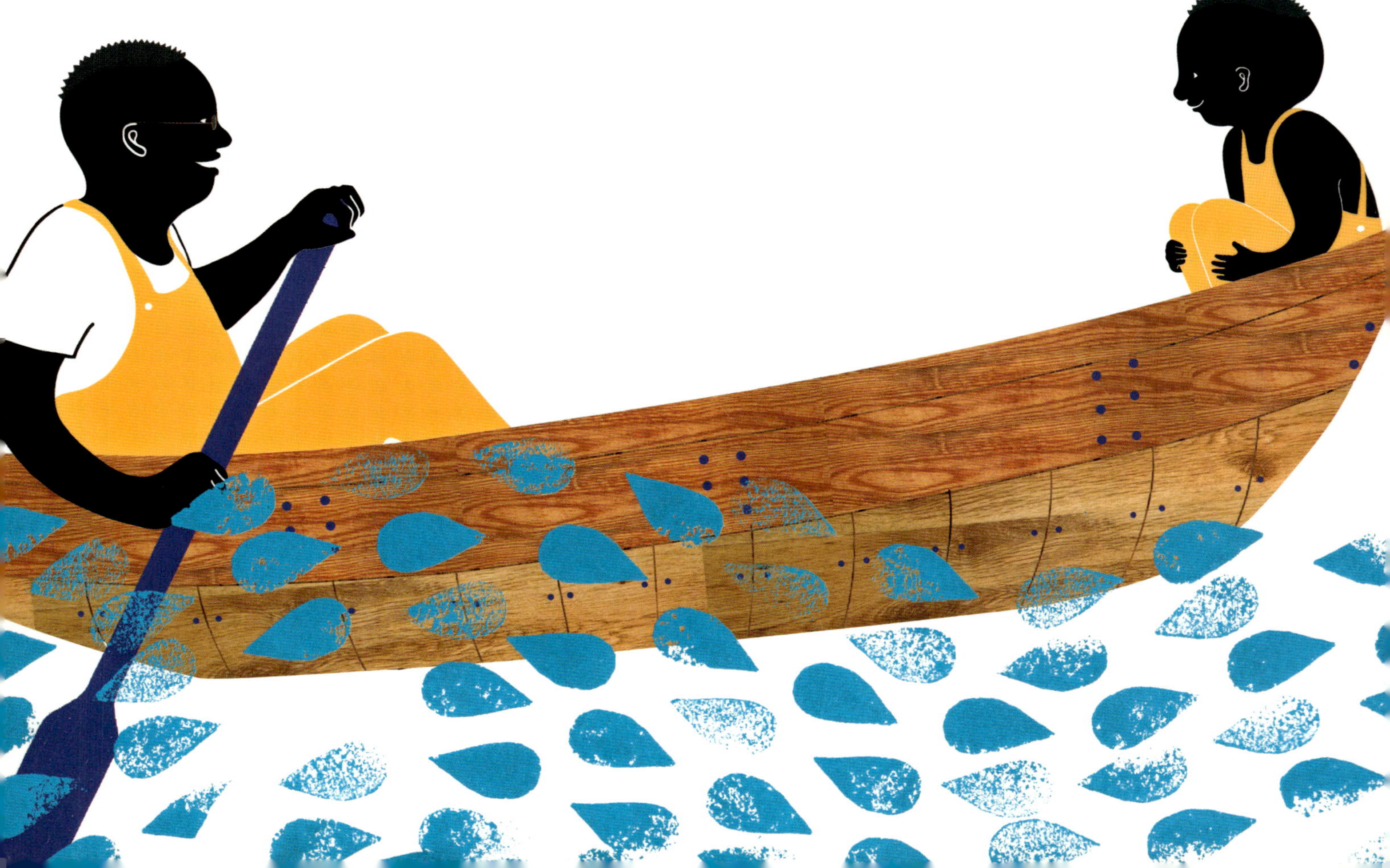

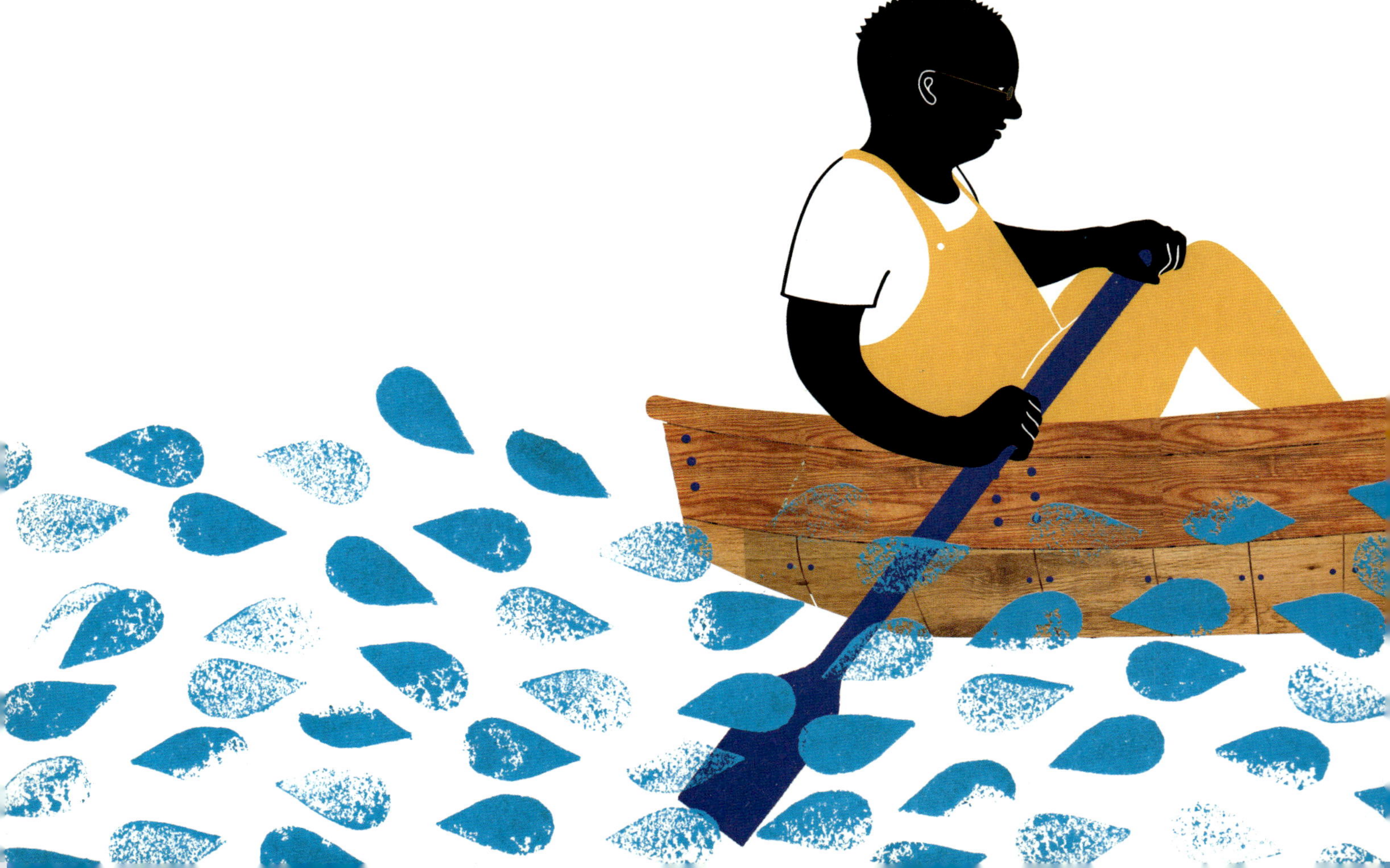

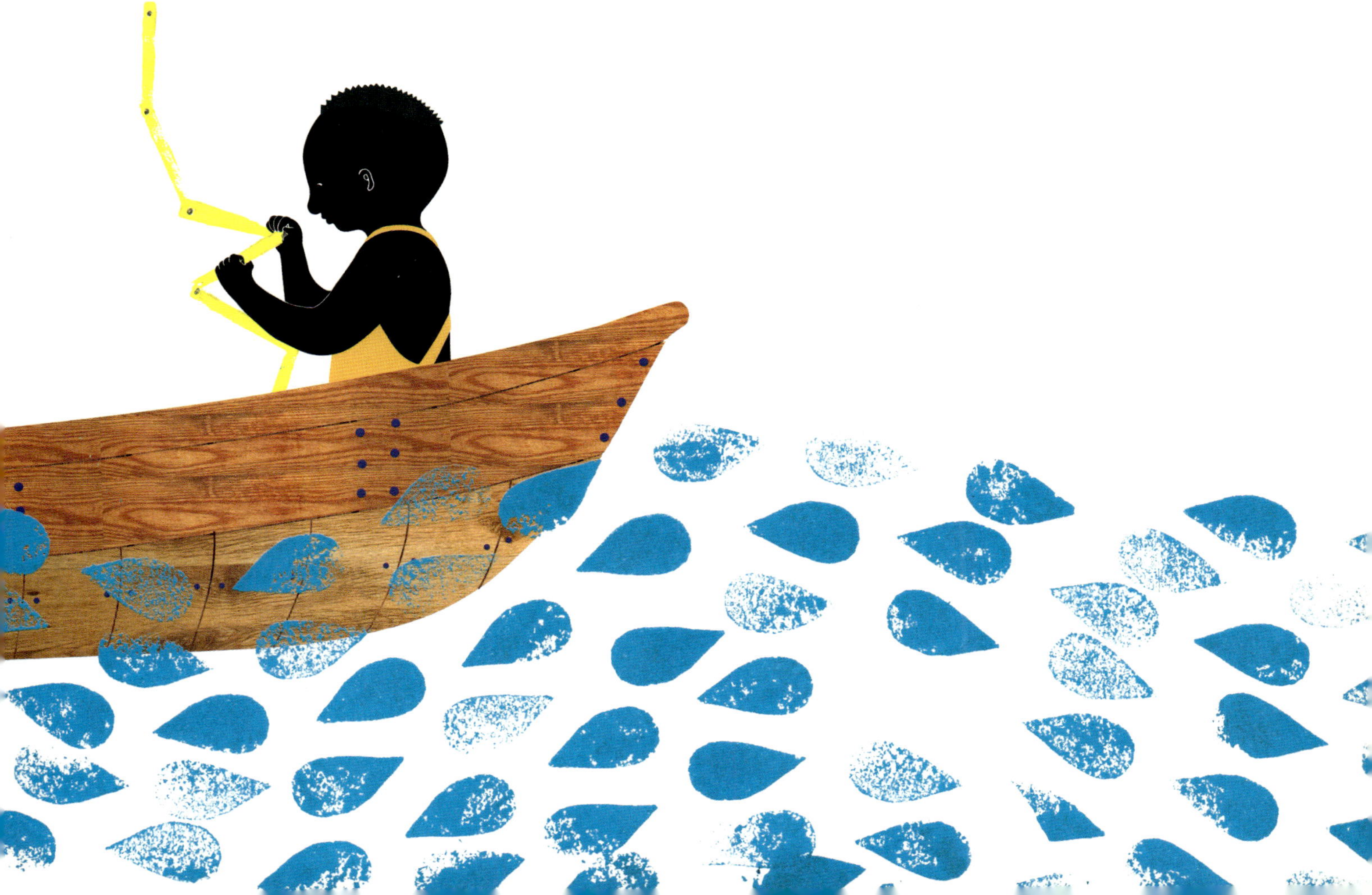

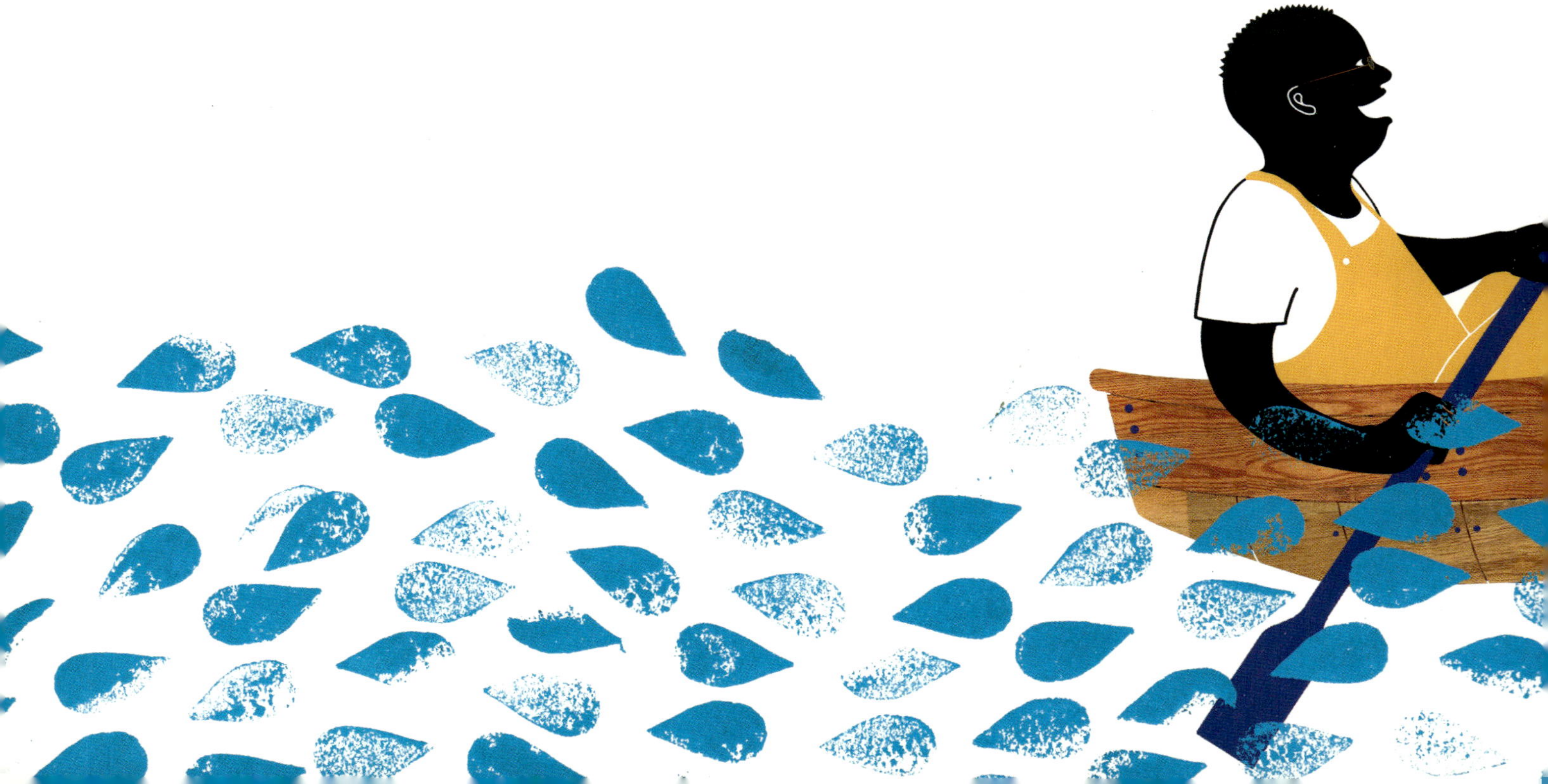

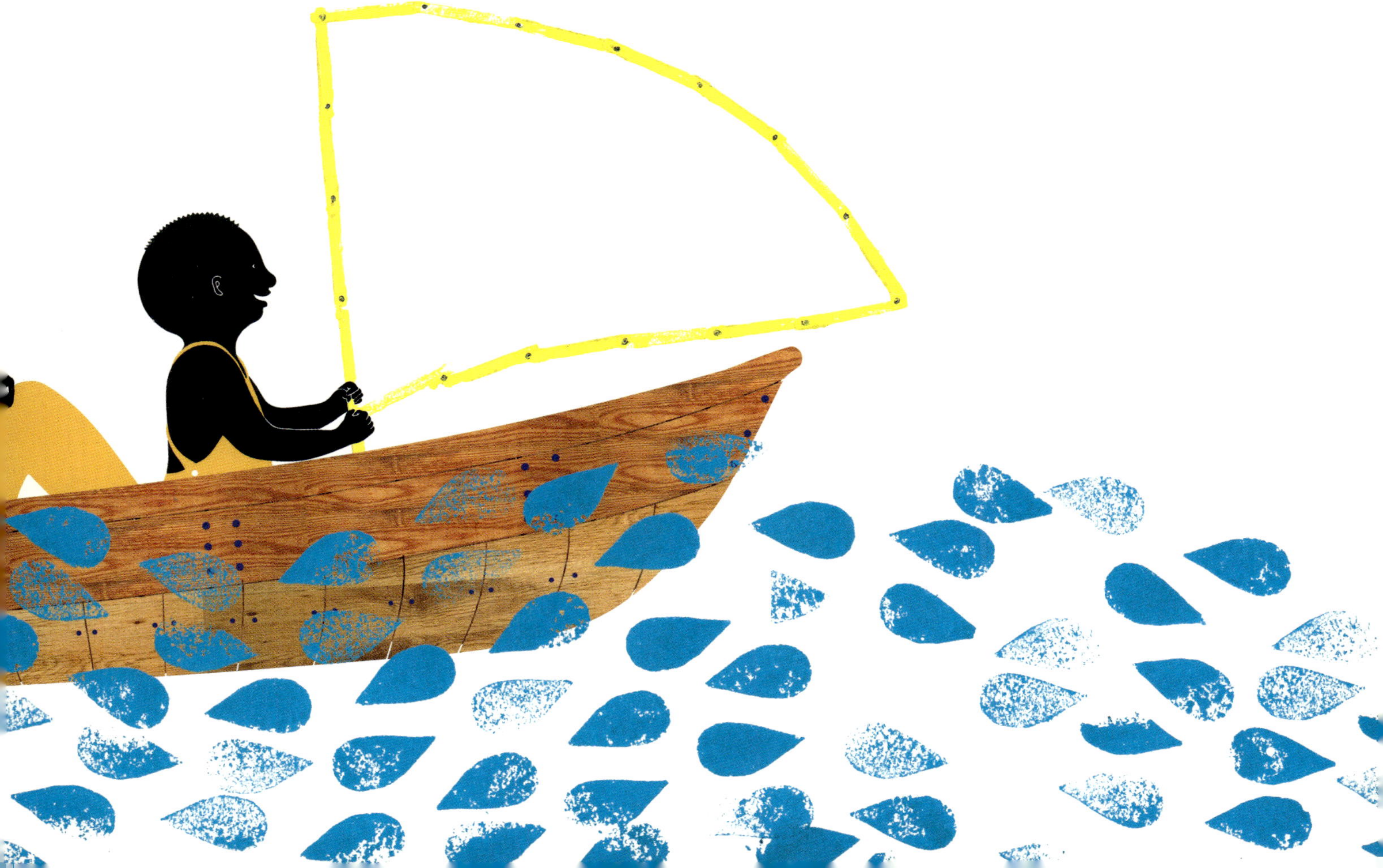

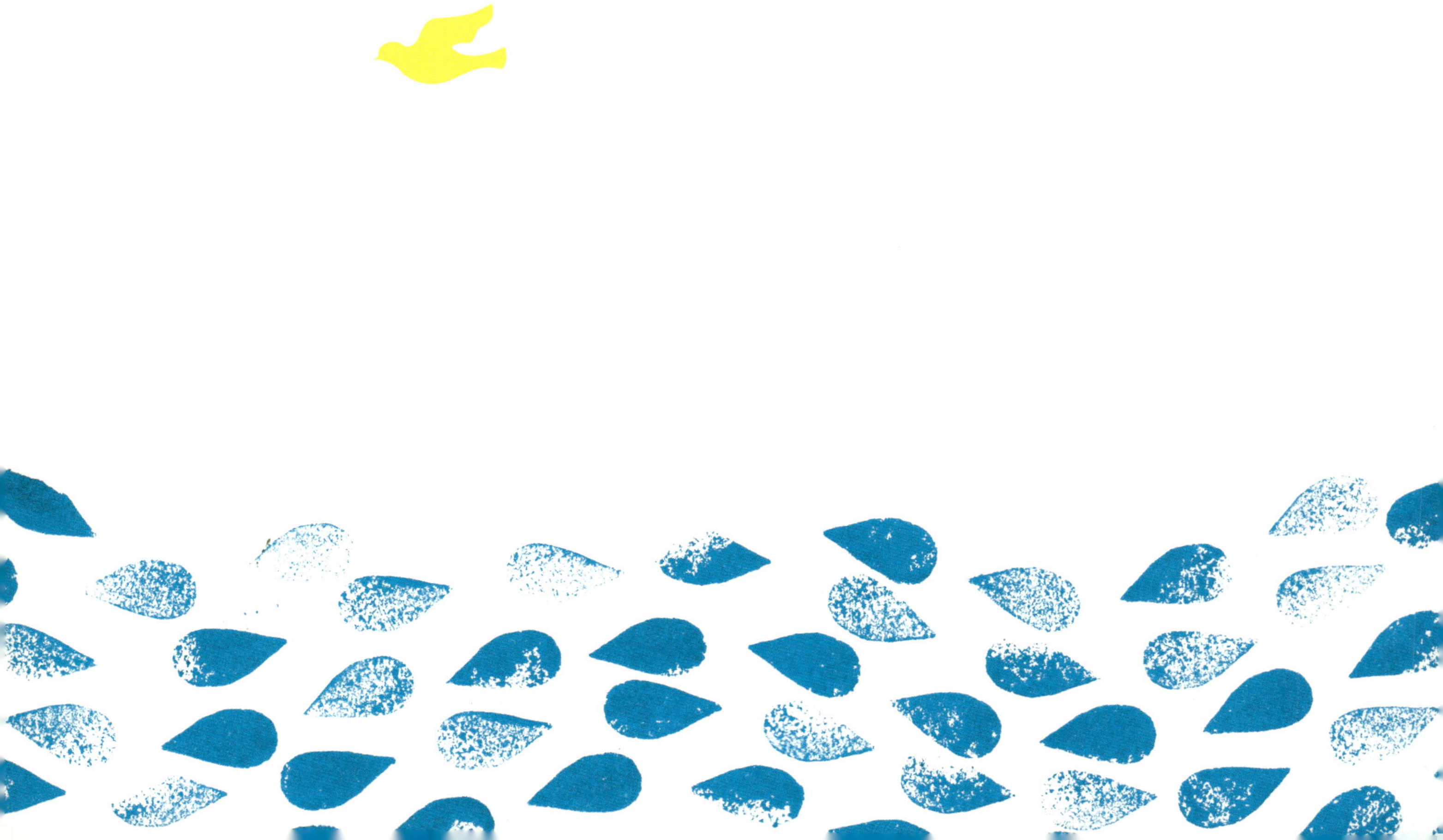

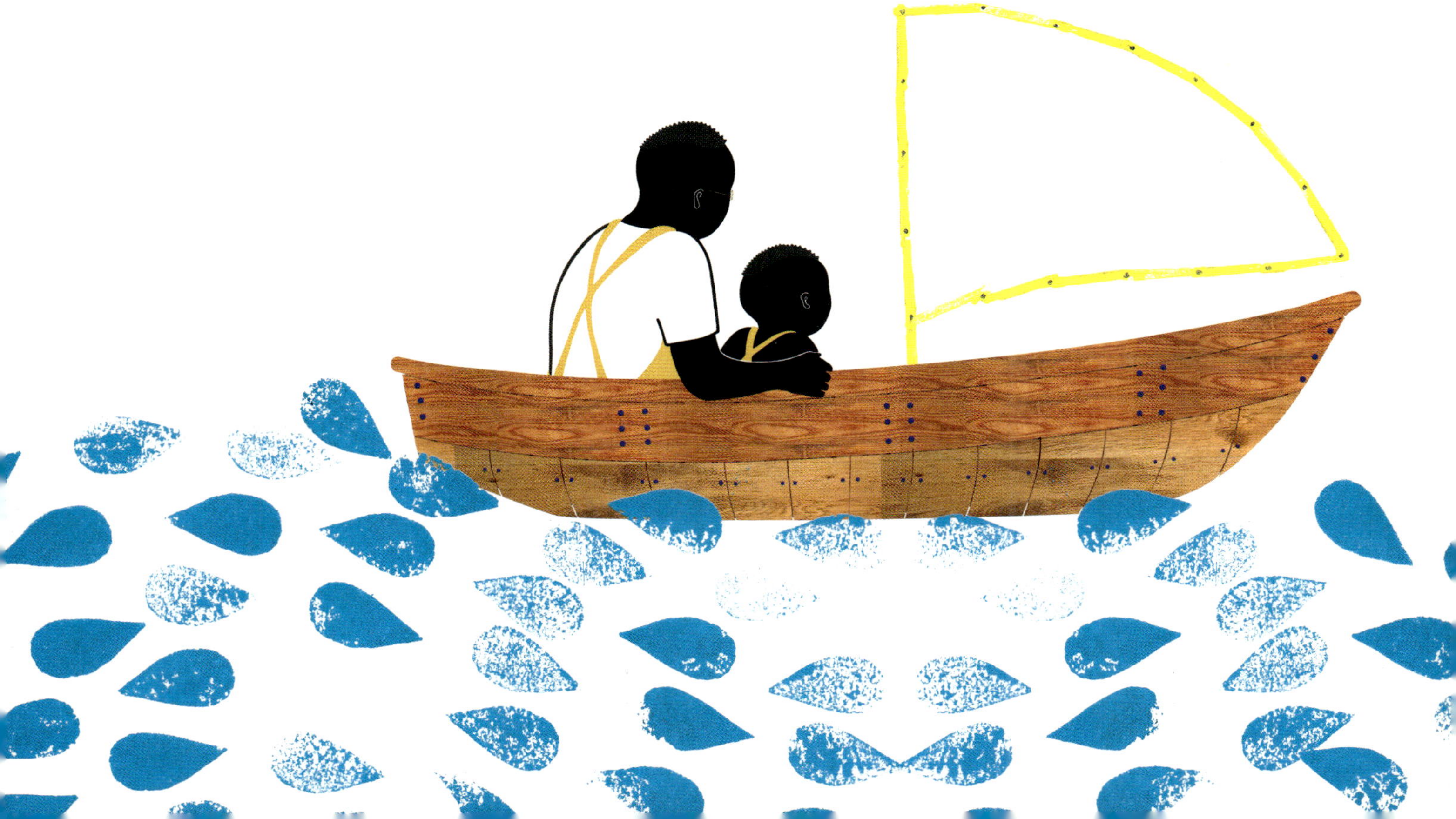

Freie Fahrt für Phantasie!
Über den Umgang mit einer Bildergeschichte ohne Text
Eine Handreichung für Eltern und Pädagogen von Martina Ducqué

»Eine Geschichte ohne Text? Wie soll das denn gehen?«, mag mancher Erwachsene fragen, der im Umgang mit solchen Büchern ungeübt ist. Deshalb an dieser Stelle ein paar Tipps, wie Eltern und pädagogische Fachkräfte mit diesem wunderbaren Buch gemeinsam mit Kindern in die Sprache finden können.

Zunächst möchte ich feststellen, dass dieses Buch eine Geschichte erzählt, aber eben nicht durch Text und Wörter, sondern in Bildern und damit in einer *anderen* Sprache. Eine Bildsprache, wie wir sie hier vorfinden, ist grundsätzlich für alle zugänglich. Aber auch die Bildlesefähigkeit muss erst erworben werden. Wie kann das besser gelingen, als mit Bildgeschichten, die keinen *störenden* Text enthalten?

Ein möglicher Einstieg könnte so aussehen, dass man das Kind auf das Buch aufmerksam macht: »Schau mal, ich habe hier ein Buch mit einem Zollstock«. Ob man das Kind erst mit dem Zollstock hantieren lässt und dann zum Buch kommt oder in der anderen Reihenfolge, also ihm erst das Buch in die Hand gibt und später den Zollstock, würde ich von dem jeweiligen Kind und dessen Interessen abhängig machen. Habe ich ein buchaffines Kind vor mir, würde ich es erst das Buch anschauen lassen und ihm anschließend den Zollstock aushändigen, also: »Schau dir mal zuerst das Buch an, später können wir uns den Zollstock dazuholen.« Ich würde das Kind blättern lassen und schauen, was passiert. Habe ich ein Kind vor mir, dass ohne viele Bücher aufgewachsen ist, so würde ich ihm den Zollstock reichen und erst später zum Buch kommen, also »Schau dir mal diesen Zollstock an. Was kann man damit alles machen? Nimm ihn dir und probier es einmal aus!«

Dialogisches Betrachten weckt Interesse und soziale Interaktion

Welche Eröffnung man wählt, ist auch nicht die wichtigste Frage, zumal es gerade mit Kindergruppen keinen Königsweg gibt. Wichtig ist vor allem, die Neugier des Kindes (oder der Kinder) zu entfachen und dann loszulassen und dem Kind den Vortritt zu lassen. Wer als Erwachsener diese Geschichte selbst in Worte fasst und das Kind in die Position des Zuhörers drängt, hat auf jeden Fall eine Chance vertan. Dann ist diese phantasiefördernde Geschichte regelrecht verbrannt! Sprechen Sie das Kind an und lassen Sie sich auf ein dialogisches Betrachten ein. Die Ansprache an das Kind sollte also eher lauten: »Was siehst du auf dem Bild?« Schon ist man mit dem Kind im Gespräch: Was sieht es, was sehe ich – jeder Eindruck und jede Interpretation des Bildes ist es wert, anderen mitgeteilt zu werden und sich darüber auszutauschen. Bilder haben immer etwas Offenes, Mehrdeutiges und lassen Raum, die Geschichte zu unterbrechen und gemeinsam über den möglichen Fortgang zu spekulieren. So offenbaren sich verschiedene Sichtweisen und so wird letztlich auch Fremdverstehen gefördert. Der Wert von Bilderbüchern ohne Text besteht darin, dass:
- »Lesen« auf diesem Weg zu sozialem Handeln wird,
- außergewöhnlich viele Anregungen zu sprachlicher Arbeit gegeben werden.

Ist Ihnen als Erwachsenem bereits aufgefallen, dass die Bildgeschichte zwei interessante Wendepunkte enthält, an denen sich die Handlung in eine andere Richtung dreht und die Spannung jedes Mal wieder neu steigt? Zunächst sieht man die reale Ausgangssituation in der Werkstatt, das harmonische Nebeneinander von Kind und Erwachsenem, dann die Entdeckung des Zollstocks und das Abgleiten des Kindes in eine Phantasiewelt, zu dem der Zollstock mit seinen Legemöglichkeiten Zutritt gewährt. Und zum Schluss lässt sich auch der Vater auf diese Welt ein, bis die beiden zum gemeinsamen Segeltörn starten. Jede Phase der Geschichte bietet eigene Mög-

Martina Ducqué ist Erzieherin, Lese- und Literaturpädagogin und Fachfrau für frühkindliche Sprachförderung und interkulturelle Kompetenz. Sie lebt in Wertheim und arbeitet bundesweit als freie Referentin.

lichkeiten der Erweiterung. Die Frage »Welche Tiere oder Dinge kannst du mit dem Zollstock legen?« bietet Anregungen zur spielerischen Gestaltung und damit auch zur Entwicklung der visuellen Wahrnehmungsfähigkeit und des räumlichen Vorstellungsvermögens des Kindes. Die visuelle Wahrnehmungsfähigkeit von Kindern ist gerade in den ersten Lebensjahren noch sehr anschauungsgebunden und bedarf direkter Handhabung von Gegenständen. Der Zollstock ist ein dafür geeignetes Instrument, er ist einfach und er ist vielgestaltig, wenn man ihn aufklappt.

Doch der Zollstock kann in Kombination mit dem Buch auch einen wertvollen Beitrag zur Sprachförderung leisten. Denn er ist ein leicht zu handhabender Gegenstand, der sich auch hervorragend zur Einübung von Präpositionen einsetzen lässt. »Liegt der Zollstock *vor* dir oder *hinter* dir? Leg ihn mal *neben* dich oder *rechts* von dir hin oder *zwischen* uns. Wo entdeckst du ihn *im* Buch?« Für viele Präpositionen (in, auf, bei, um, vor, über, unter, hinter, neben, zwischen …) werden Sie leicht Anwendungen finden. Da sich das Kind als Mittelpunkt der Welt erlebt, wird es auch Dinge aus dieser Perspektive beschreiben. Gerade für Kinder mit Deutsch als Zweitsprache ist es wichtig, dass sie nicht nur abstrakt lernen, sondern die Bedeutung von Wörtern physisch erfahren.

Bildergeschichten schaffen Sprach- und Sprechanlässe

Überhaupt eignen sich Bildergeschichten ohne Text auch bestens für mehrsprachige Gruppen, weil die Bildsprache allgemein zugänglich ist und die sprachliche Kompetenz in der Umgebungssprache des Kindes keinen Verständnisvorteil mit sich bringt. Gleichzeitig schaffen Bildergeschichten zwingende Sprach- und Sprechanlässe, so dass die Mitteilungsfreude steigt, der sprachliche Ausdruck gefördert und der Wortschatz aufgebaut und erweitert wird.

Am nahe liegendsten ist es natürlich, sich die ureigenste Funktion des Zollstocks zunutze zu machen: Das Messen von Größen und Entfernungen. Fangen Sie bei kleinen Kindern aber nicht mit der Erläuterung der Skala an, nehmen Sie die einzelnen Glieder als Bausteine einer Reihe. Indem der Zollstock Glied für Glied aufgeklappt wird (»Und noch ein Stück und noch ein Stück ...«), erkennt das Kind intuitiv das Prinzip der Reihenbildung. Erst danach ist der richtige Moment gekommen, Zahlwörter einzuführen. Ist der Gedanke der Reihenfolge implementiert, so ist die Basis des Zählens gelegt.

Mit älteren Kindern kann man natürlich gleich dazu übergehen, die Welt zu vermessen, sich selbst und alles, was sich darum herum befindet. »Wie oft kannst du den Zollstock aufklappen?« oder »Kannst du erkennen, aus wie vielen Teilen das Kind im Buch den Walfisch gelegt hat?« oder gar »Bestimmt kennst du schon viele Zahlen, welche erkennst du auf dem Zollstock?« Schon sind wir mitten drin im mathematischen (pränumerischen) Forschungsprozess!

Gemeinsames spielerisches Abtauchen

Wichtig ist bei all diesen Angeboten, dass die spielerische Ebene, der gemeinsame Spaß und die Freude nicht zu kurz kommen. Vergessen Sie z.B. auf keinen Fall die Präposition »auf«. Lassen Sie den Zollstock auf den Kopf legen und für Gelächter und gute Laune ist gesorgt. Auch das offene Ende der Geschichte lädt ein zur gemeinsamen, munteren Spekulation: »Was denkst du, wo die beiden jetzt wohl hinwollen? Wohin möchtet ihr gerne mal segeln? Was würdet ihr noch einpacken, bevor ihr lossegelt? Eine Banane würdet ihr gerne mitnehmen? Komm, lass uns mal probieren, eine Banane mit dem Zollstock zu legen!«

Sie werden gemeinsam erleben, wie Kinder sich auch komplexe Geschichten erschließen können und wieviel Potential in ihnen steckt. Nun aber »Leinen los« und »Freie Fahrt für Phantasie!«

Bruna Barros

Bruna Barros Torres wurde 1988 in einer Kleinstadt im brasilianischem Bundesstaat Minas Gerais geboren. Ihre Eltern hatten in dem Haus je einen Hobbyraum: Eine Nähstube für die Mutter und eine Werkstatt für den Vater. Wenn der Vater dort elektronische Geräte reparierte oder mit Holz arbeitete, war Bruna oft in der Nähe. Sie hat sich alles angeschaut und mitgemacht. Diese Werkstatt war auch ihr Lieblingsort zum Malen.

Im Alter von 16 Jahren verbrachte sie ein Schuljahr in Italien. Nach ihrer Rückkehr schrieb sie sich an der Staatlichen Universität von Minas Gerais zum Studium der Landschaftsarchitektur ein. Sie arbeitete nach dem Abschluss ihres Studiums in mehreren Möbeltischlereien und Architekturbüros in Belo Horizonte und Sao Paulo. Ihre Aufgabe war es dabei, Pläne zu zeichnen. So kam es, dass sie beschloss, sich aufs Zeichnen und Illustrieren zu verlegen und es entstand ihr erstes Buch »Bablu und die Affen von Simla«.

Nachdem der Beschluss gereift war, Illustratorin zu werden, kehrte sie 2013 nach Italien zurück, um noch einmal zu studieren. Dieses Mal Grafik und Design an der Akademie der Schönen Künste von Venedig. In dieser Phase entstand auch das Buch »*Zwei Meter bis zum Meer*«

Seit einiger Zeit lebt sie wieder in Brasilien, sie hat sich als freie Illustratorin in São Paulo niedergelassen. Neun Bücher hat sie inzwischen veröffentlicht, einige sind auch in den USA, Frankreich, Korea, China und Italien veröffentlicht worden. »*Zwei Meter bis zum Meer*« ist ihr erstes Buch in Deutschland.

Weitere Informationen über Bruna Barros und ihre Arbeit findet man unter:
www.brunabarrosillustration.com

Auch bei Edition Orient erscheinen: Geschichten zum (Vor-)Lesen …

Melike Günyüz und
Reza Hemmatirad

»Der König der Frösche« und »Das Rabenland sucht den Superstar«

Zweisprachig Türkisch-Deutsch
40 Seiten, gebunden, 21,5 cm x 21,5 cm, ab 3 Jahre
ISBN 978-3-922825-78-4

Es soll ja Leute geben, die meinen, Raben könnten nur krächzen, aber nicht singen. Weit gefehlt! Welch große Rolle der Gesang im Rabenland spielt, davon erzählen diese beiden Geschichten aus der Welt von Gukki, dem kleinen Raben: Als verkanntes Genie macht sich Gukki auf, sein Glück in der Fremde zu suchen. Ob Gukki woanders eine Chance bekommt?
Die zweite Geschichte schildert, wie im Rabenland ein Gesangswettbewerb ausgelobt wird, bei dem der nächste Superstar gekürt werden soll – eine für Rabeneltern und Rabenkinder gleichermaßen aufregende Angelegenheit.
Zwei kleine Geschichten mit Witz und immer einem Körnchen Wahrheit!

Melike Günyüz und
Reza Hemmatirad

»Ich will so sein wie meine Freunde«

Zweisprachig Türkisch-Deutsch
16 Seiten, geheftet, 13,6 cm x 17 cm, ab 3 Jahre
ISBN 978-3-922825-80-7

Blaufedern sind prima Vögel! Sie sind feine Kameraden und richtig nett. Das findet auch Gukki, der kleine Rabe. Also möchte er so sein wie sie. Er beschließt, sich wie sie anzumalen und zu schmücken. Was die Blaufedern wohl zu Gukki als blauem Raben sagen?
Eine kleine Geschichte zum Wert vom Anderssein und dass es keinen Wert hat, wie andere sein zu wollen.

»Was soll man zuerst erzählen über diese tollen zweisprachigen Bücher? Dass sie sich super vorlesen lassen? Oder dass die Kinder am liebsten gleich selbst mit Fingerfarbe und Daumendruck losgelegt hätten, um ähnlich liebenswerte Wesen zu erschaffen wie Gukki, den kleinen Raben?« (Himbeer-Magazin)

... und Anleitung zum Basteln – türkisch-deutsch

Reza Hemmatirad

Kreativer Umgang mit Daumendruck und Fingerfarbe

Zweisprachig Türkisch-Deutsch
40 Seiten, gebunden, 26,5 cm x 21,5 cm, ab 3 Jahre
ISBN 978-3-922825-79-1

Der Fingerabdruck ist eine faszinierende Technik zur Bildgestaltung für Kinder. Allein schon den Daumen in Farbe zu tunken macht Spaß! Und wenn man dann noch erfährt, welch phantasievolle Kunstwerke sich mit dieser Technik leicht und schnell zaubern lassen, dann ist die Begeisterung groß. Dieses Bastelbuch erklärt die Technik Schritt für Schritt und präsentiert eine Vielzahl von Beispielen zum Nachahmen.

- Ein Bastelbuch für Eltern und ihre Kinder
- Ein Bastelbuch für Erzieher in (multikulturellen) Kindergruppen

»Wenig Aufwand, viel Wirkung! Die Anleitungen und Erklärungen in deutscher und türkischer Sprache sind anschaulich und verständlich gestaltet – und die Ideen vielfältig, witzig und liebevoll umgesetzt.« (Buchtipp Stiftung Lesen)

»Sehr ansprechend und gut strukturiert (...). Insgesamt hebt sich das Kreativbuch mit grünem Lesebändchen und farbigem Rand voller Fingerabdrücke sehr positiv hervor. Es ist ein ästhetisch schönes Buch mit Aufforderungscharakter. (...) Sehr empfehlenswert.« (AG Jugendliteratur und Medien der GEW, 9/2013)

»Ein Must-have für türkisch-deutsche Kitas, Familien und alle, die mit Kindern malen und basteln. Das Buch funktioniert auch hervorragend, wenn man kein Türkisch kann. Oder kein Deutsch.« (Kathrin Köller in eselsohr 12/2013)

»... die unaufwendige Technik kann auch im Grundschulalter gewinnbringend eingesetzt werden. (...) Für Bibliotheken bietet sich für die medienpädagogische Arbeit die Kombination aus beiden Titeln an: erst vorlesen, dann stempeln. Gerne empfohlen.« (ekz-Bibliotheksdienst 2013/32)

»Der Fantasie sind keine Grenzen gesetzt, die Technik ist einfach genial. (...) Tolle Idee für Kindergarten, Grundschule und sogar dem Kunstunterricht oder Deutschunterricht auch noch für Klasse 5. Sehr empfehlenswert.« (AG Jugendliteratur u. Medien der GEW, 8/2013)

»Man muss keine Kunstlehrerin sein, um sich in Gukki und die erstaunlich simple Technik des Daumendrucks zu verlieben. (...) Sehr empfehlenswert.« (AG Jugendliteratur und Medien der GEW, 11/2013)

Zwei Meter bis zum Meer

Eine Bildergeschichte ohne Text aus Brasilien

Idee und Illustrationen von Bruna Barros
Mit einem Nachwort für diese Ausgabe von Martina Ducqué

© Copyright für die deutsche Ausgabe
Edition Orient, Berlin 2017
www.edition-orient.de

Die brasilianische Originalausgabe erschien unter dem Titel »O marceneiro«
© 2015 by LEMOS Editorial, Brasilien
All rigths reserved.

Druck und Bindung
Livonia Ltd., Riga und Buchmanufaktur Kevelaer

ISBN 978-3-922825-92-0

ACHTUNG:
Bei dem beiliegenden Zollstock handelt es sich nicht um ein Spielzeug, es besteht Verletzungsgefahr wie bei jedem handelsüblichen Zollstock.